Führungskräfte-Coaching für vielseitige Manager

Sarah Gierhan

Führungskräfte-Coaching für vielseitige Manager

Das Praxisbuch für Führungskräfte mit Scanner-Persönlichkeit, Coaches und Personaler

Sarah Gierhan
Landau in der Pfalz, Deutschland

ISBN 978-3-658-47219-1   ISBN 978-3-658-47220-7 (eBook)
https://doi.org/10.1007/978-3-658-47220-7

Die Deutsche Nationalbibliothek verzeichnet diese Publikation in der Deutschen Nationalbiblio-
grafie; detaillierte bibliografische Daten sind im Internet über https://portal.dnb.de abrufbar.

Planung/Lektorat: Ann-Kristin Wiegmann
Springer Gabler ist ein Imprint der eingetragenen Gesellschaft Springer Fachmedien Wiesbaden
GmbH und ist ein Teil von Springer Nature.
Die Anschrift der Gesellschaft ist: Abraham-Lincoln-Str. 46, 65189 Wiesbaden, Germany

Wenn Sie dieses Produkt entsorgen, geben Sie das Papier bitte zum Recycling.

Einleitung

Max stand am Fenster seines Büros und schaute auf die glitzernde Skyline der Stadt. Eigentlich konnte er zufrieden sein mit seinem Leben, er hatte viel erreicht, und doch ... Wie immer in solchen Momenten fühlte er eine Unruhe in sich, ein Bedürfnis, etwas zu verändern, etwas Neues zu machen. Als ob er nicht stillsitzen und genießen konnte, was er hatte ...

Max war ein sehr geschätzter Manager, der viel für die Firma bewirkt hatte und sehr engagiert ist. Sein Chef musste ihn manchmal sogar bremsen, damit er sich nicht übernahm. Aber trotz seiner Erfolge musste er sich in diesem Moment eingestehen: Er fühlte sich unzufrieden. Und zwar eigentlich schon eine ganze Weile.

Er seufzte, während er darüber nachdachte, wie sehr sich sein Leben im Laufe der Jahre verändert hatte. Die Arbeit, die er anfangs richtig gern gemacht hatte, fühlte sich mittlerweile eher wie Routine an. Er hatte zwar nette Kollegen und ein gutes Betriebsklima, aber seine Aufgaben fesselten ihn nicht mehr. Es fehlte an Abwechslung, an interessantem Neuem, an Herausforderung.

In diesem Moment dämmerte es Max: Er ist anders als seine Kollegen und anders als sein Ideal. Obwohl er es immer wieder versucht, kann er einfach nicht stringent die Karriereleiter emporklettern und ein Leben lang mit dem gleichen Job und ähnlichen Aufgaben zufrieden sein und darin aufgehen. Vielmehr möchte er immer wieder Neues ausprobieren, neue Ideen umzusetzen, sich entfalten, frei und ungezwungen. Max erkannte in diesem Moment, dass in ihm noch viel mehr steckte, als er im Job gerade zeigen konnte, und dass ihn sein einstiger Traumjob auf die Dauer nicht befriedigen würde.

Da musste doch etwas zu machen sein!

Max beschloss, dass es so nicht weitergehen konnte. Er wollte nicht einfach resignieren und sich mit einer Arbeit zufriedengeben, die ihn mehr und mehr unzufrieden, demotiviert und unproduktiv werden ließ. Gleichzeitig war er hin- und hergerissen zwischen dem Verlangen nach Erfüllung und der Sicherheit seines ak-

tuellen Jobs. Musste er wirklich gleich alles über den Haufen werfen und kündi-
gen? Wo ganz anders etwas ganz Neues machen?

Auf der Suche nach professioneller Unterstützung bei der Klärung seiner Fra-
gen wandte sich Max vertrauensvoll an seine Personalabteilung, die ihn auf das
Konzept des „Tausendsassa" aufmerksam machte. Es fiel ihm wie Schuppen von
den Augen, als er sich näher damit beschäftigte, dass er ein Tausendsassa sein
könnte, eine vielseitige Person mit Scanner-Persönlichkeit. Dass er ein Persönlich-
keitsmerkmal in sich trug, das ihn zum Generalisten machte und dazu führte, dass
er sich nicht so spezialisieren, langfristig festlegen und auf einen Karrierepfad ein-
engen konnte wie die meisten Menschen um ihn herum; das mit vielen Fähigkeiten
und Interessen einhergeht, die ausgelebt sein wollen; das ihm verdammt viel Poten-
zial in die Wiege gelegt hat, aber auch eine Menge Herausforderungen, wenn es
zum Beispiel um Entscheidungen, Fokus oder Energiemanagement geht.

Max hatte Glück und bekam von der Personalabteilung eine erfahrene Coach an
die Seite, die auf vielseitige Führungskräfte wie ihn, also Führungskräfte mit Scan-
ner- oder Tausendsassa-Persönlichkeit, spezialisiert war. So konnte er sein Persön-
lichkeitsmerkmal begreifen und die genau für ihn als Tausendsassa passenden Wege
erarbeiten, um wieder mit Freude und Begeisterung an seine Arbeit zu gehen.

Gemeinsam mit seiner Coach analysierte Max seine Stärken, Interessen und
Werte, aber auch die besonderen Herausforderungen, die mit seiner Vielseitigkeit
bzw. Vielbegabung einhergehen. Es war eine kleine Achterbahnfahrt der Gefühle,
die Max jedoch half, sich neu zu verstehen, als Person mit vielseitiger Persönlich-
keit zu akzeptieren und endlich seinen Platz im Unternehmen zu finden und sein
Potenzial zu entfalten.

Durch das Führungskräfte-Coaching gewann Max nicht nur an Selbstver-
trauen, sondern auch an Klarheit über seine beruflichen Ziele. Er erkannte, dass er
nicht das Unternehmen verlassen musste, um erfüllt und wieder motiviert zu sein.
Stattdessen lernte er, was er tun konnte, um das Gefühl von Routine, Enge und Un-
zufriedenheit loszuwerden, auch zukünftig, falls es sich wieder einmal einstellen
sollte. Er erarbeitete die für ihn und seine besondere Persönlichkeit passenden
Strategien, um seine vielseitigen Talente und Interessen innerhalb seines Arbeits-
umfelds zu nutzen und seine Führungsrolle so neu mit Leidenschaft auszufüllen.

Wenn Max heute morgens an seinem Fenster steht, hat er oft ein Gefühl der Vor-
freude auf seine Arbeit: Was wird ihn jenseits der Tagesroutine erwarten, was wird
er Spannendes lernen und vor allem: Was darf er neu anstoßen und bewirken?

Herzlich willkommen in der Welt des Führungskräfte-Coachings für vielseitige
Manager*, Menschen wie Max: erfolgreich in leitenden Positionen – vom Projekt-
leiter bis zum Top-Manager –, aber unzufrieden aufgrund ihrer generalistischen,
vielseitigen Persönlichkeit, auch Scanner-Persönlichkeit, Tausendsassa, Multi-

talent, Allrounder, Neo-Generalist oder vielbegabt genannt. Diese Personen haben eine Vielzahl an Talenten und Interessen und dadurch die Fähigkeit, in verschiedensten Bereichen erfolgreich zu sein. Doch mit dieser Vielseitigkeit gehen auch besondere Herausforderungen und Anforderungen einher, unter anderem an Führung.

In diesem Buch werde ich Ihnen ein besseres Verständnis für diese vielseitigen Führungskräfte vermitteln und wie sie mit gezieltem Führungskräfte-Coaching erfolgreich zu unterstützen sind. Dabei werden in Originaltönen auch immer wieder vielseitige, multitalentierte Führungskräfte mit Scanner- bzw. Tausendsassa-Persönlichkeit aus meinen Führungskräfte-Coachings und Interviews, die ich geführt habe, zu Wort kommen und zahlreiche praktische Methoden und Strategien vorgestellt, die vielseitige Führungskräfte in ihrem Tun unterstützen.

Einführend erfahren Sie, was Führungskräfte mit Scanner-Persönlichkeit ausmacht und weshalb diese Führungskräfte in besonderem Maße von einem Business Coaching profitieren, welches genau auf sie zugeschnitten ist (Teil I). In den folgenden Kapiteln lernen Sie praktische Möglichkeiten kennen, um als vielseitige Führungskraft die eigenen Stärken zu identifizieren und zu entwickeln, moderne Führungsstile und -kompetenzen zu erwerben, die Mitarbeitermotivation und eigene Zufriedenheit zu steigern, fokussiert produktiv zu werden und gesund zu führen (Teil II). Anschließend stelle ich ausführlich bewährte Praktiken für das Führungskräfte-Coaching vielseitiger Manager dar, von der richtigen Haltung des Coachs über die wesentlichen Erfolgskriterien bis hin zu konkreten Coachingansätzen (Teil III). Ich schließe mit einer Reihe von Empfehlungen für Unternehmen, wie sie ihre vielseitigen Führungskräfte erfolgreich mittels Führungskräfte-Coaching fördern (Teil IV).

Als Business Coach für vielseitige Führungskräfte, selbst eine Scanner-Persönlichkeit und in verschiedenen Führungsfunktionen tätig, kenne ich die Anforderungen und Herausforderungen von vielseitigen Managern aus erster Hand. In meinem Tausendsassa Coaching begleite ich vielseitige Führungskräfte dabei, ihre Führungskompetenzen so zu entwickeln und zu stärken, dass sie ihren anspruchsvollen Job wieder motiviert ausüben, leistungsfähig, zufrieden, gesund und erfolgreich sind. Denn es ist mir ein Herzensanliegen, dass die großen vielseitigen Potenziale dieser Multitalente nicht länger im Dornröschenschlaf bleiben, sondern mit den richtigen Strategien und Mindsets voll zur Entfaltung kommen. Für die einzelne Person, das Unternehmen und die Gesellschaft! In meiner Coachingtätigkeit kombiniere ich meine praktischen Erfahrungen mit meinem neurowissenschaftlichen Hintergrund und meiner Arbeit als Professorin für Coaching.

Dieses Buch basiert also auf meiner langjährigen Berufspraxis. Es ist aus der Praxis für die Praxis geschrieben und kein wissenschaftliches Werk. Ohnehin gibt es leider noch viel zu wenige wissenschaftliche Untersuchungen und Arbeiten zum Phänomen der „Scanner-Persönlichkeit". Ich nehme im Buch zwar immer wieder Bezug zur Wissenschaft, aber es geht mir vor allem darum, Praktiker und Praktikerinnen anzusprechen und ihnen konkret für die Praxis weiterzuhelfen.

Egal, ob Sie selbst eine Führungskraft sind, die ihre Position entsprechend ihrer Vielseitigkeit gestalten möchte, ein Vorgesetzter oder ein Personalverantwortlicher, der die Entwicklung seiner Führungskräfte und Teams vorantreiben möchte – dieses Buch bietet Ihnen hilfreiche Einblicke, Hintergrundwissen und konkrete praktische Tipps.

Ich lade Sie ein, sich mit mir gemeinsam auf die Reise in das Führungskräfte-Coaching für vielseitige Manager zu begeben, um schlummerndes Potenzial zu heben, Leistungsfähigkeit zu erhalten und eine Zukunft zu gestalten, die von Erfolg, persönlicher Erfüllung, Motivation und Zufriedenheit geprägt ist. Lassen Sie uns starten!

*Ich werde die Begriffe „vielseitige Manager", „multitalentierte Führungskraft" und „Führungskraft mit Scanner-Persönlichkeit" synonym verwenden und die Sprachform des generischen Maskulinums ausschließlich zum Zweck der besseren Lesbarkeit nutzen. Sie ist in allen Fällen geschlechtsneutral gemeint.

Inhaltsverzeichnis

Teil I
Einführung in das Führungskräfte-Coaching für vielseitige Manager

Das Konzept der Scanner-Persönlichkeit in der Führung

Im folgenden Kapitel werden die Grundlagen der vielseitigen Persönlichkeit (Tausendsassa-Persönlichkeit, Scanner-Persönlichkeit) in der Führung gelegt.

Sie erfahren, was Scanner-Persönlichkeiten sind, die man auch als Tausendsassa, Schweizer Taschenmesser, Multitalent oder Neo-Generalist bezeichnet, und wie sie sich von Menschen ohne Scanner-Persönlichkeit unterscheiden. Dabei werden sowohl die Rolle, Chancen und Potenziale für moderne Unternehmen als auch typische Schwierigkeiten und Herausforderungen, die in dieser Persönlichkeitsstruktur liegen, aufgezeigt sowie erste Lösungs- und Unterstützungsmöglichkeiten.

Das Kapitel gibt einen Einblick in die Sicht- und Herangehensweise von Scanner-Persönlichkeiten in der Führung und schafft dadurch ein grundlegendes Verständnis, das für die weiteren Kapitel wichtig ist, die sich mit der Bedeutung von Coaching für vielseitige Führungskräfte und deren individuellen Handlungsmöglichkeiten befassen.

1.1 Was sind Scanner-Persönlichkeiten, Multitalente, Tausendsassa?

Scanner-Persönlichkeiten, oft auch als Tausendsassa, Neo-Generalisten oder Multitalente bezeichnet, sind außergewöhnlich vielseitige Menschen: Sie zeichnen sich durch eine breite Palette von Interessen, Fähigkeiten und Talenten aus, haben eine große Neugierde und sind sehr wissbegierig. Sie verfügen über eine schnelle Auffassungsgabe, mit der sie die unterschiedlichsten Fähigkeiten erlernen und Aufgaben meistern können. Gleichzeitig steht ihnen diese Vielseitigkeit, die Vielzahl an Ideen

S. Gierhan, *Führungskräfte-Coaching für vielseitige Manager*, https://doi.org/10.1007/978-3-658-47220-7_1

und die große Begeisterungsfähigkeit für viele Aufgaben und Themen auch häufig im Weg. Margaret Lobenstine (2013) beschrieb diesen Persönlichkeitstypus als „Renaissance Soul".

Eingeführt wurde der Begriff der „Scanner-Persönlichkeit" von der amerikanischen Psychologin Barbara Sher (2008). Seither wurde er in der Literatur und im Kontext von Coaching und Persönlichkeitsentwicklung vielfach rezipiert, wenngleich die Forschungslage zu diesem Persönlichkeitsmerkmal eher dünn ist.

Ich benutze gerne den allgemein bekannten und weit verbreiteten Begriff des „Tausendsassa" oder der „Tausendsassa-Persönlichkeit", um herauszustellen, dass es sich um eine außergewöhnliche Vielseitigkeit handelt, die als ein Merkmal (unter vielen) die Persönlichkeit dieser Menschen – vermutlich von Geburt an – ausmacht.

Unabhängig vom Begriff gab es solche vielseitigen oder vielbegabten Personen schon immer. In der Renaissance wurden sie gerne als „Universalgelehrte" bezeichnet und waren hochgeschätzt. Es gab also einmal Zeiten, in denen Scanner-Persönlichkeiten sich und ihre Vielseitigkeit besser verwirklichen konnten als heute. In denen es leichter möglich war, sein eigenes vielseitiges Potenzial zu entfalten, weil die Spezialisierung und Einschränkung auf nur ein Themen- oder Betätigungsfeld im Gegensatz zu heute nicht gefragt waren.

Berühmte Personen mit Tausendsassa-Persönlichkeit

Leonardo da Vinci (1452–1519): Ein sehr bekanntes Beispiel für eine Scanner-Persönlichkeit ist der berühmte Leonardo da Vinci. Er war nicht nur ein herausragender Maler, sondern auch ein begeisterter Bildhauer, Ingenieur, Architekt, Wissenschaftler und mehr. Sein unersättlicher Drang nach Wissen sowie die Fähigkeit und das Interesse, auf vielen verschiedenen Gebieten zu wirken, machen ihn zu einem Prototypen der Scanner-Persönlichkeit. Nach Leonardo da Vinci und seinen multitalentierten Zeitgenossen werden Scanner-Persönlichkeiten heute übrigens auch manchmal als „Renaissance-Menschen" tituliert.

Benjamin Franklin (1706–1790): Ein weiteres Beispiel für einen berühmten Scanner ist Benjamin Franklin, einer der Gründerväter der Vereinigten Staaten. Er war nicht nur Staatsmann und Wissenschaftler, sondern auch Schriftsteller, Drucker, Verleger und Erfinder. Seine Beiträge reichten von Experimenten zur Entdeckung der Elektrizität bis hin zu politischen Schriften. Franklin ist für seine Neugier, Innovationskraft und Vielseitigkeit über den gesamten Globus bekannt.

Marie Curie (1867–1934): Marie Sklodowska Curie, als Physikerin und Chemikerin bekannt für ihre bahnbrechenden Entdeckungen im Bereich der Radioaktivität, erhielt gleich zwei Nobelpreise in verschiedenen wissenschaftlichen Disziplinen. Neben ihrer breiten wissenschaftlichen Tätigkeit war sie auch engagierte Humanistin und leistete damit einen wichtigen Beitrag für die Gesellschaft.

Maya Angelou (1928–2014): Maya Angelou (geborene Marguerite Annie Johnson) ist eine weitere bemerkenswerte Scanner-Persönlichkeit. Sie war nicht nur für ihre Gedichte und Memoiren bekannt, sondern auch als Tänzerin, Schauspielerin, Drehbuchautorin, Regisseurin und Bürgerrechtlerin. Angelou setzte sich aktiv für soziale Gerechtigkeit und Bürgerrechte ein, erhielt 2011 die Freiheitsmedaille des Präsidenten und hinterließ ein bedeutendes literarisches Erbe.

Richard Branson (*1950): Als Gründer der Virgin Group ist Richard Branson in zahlreichen Branchen unterwegs und hat mehrere innovative Unternehmen in Bereichen wie Musik, Luftfahrt, Mobilfunk, Raumfahrt und mehr gegründet. Branson ist außerdem als Ballonfahrer und Schauspieler bekannt und errang mehrere Weltrekorde in unterschiedlichen Disziplinen. Seine Abenteuerlust und sein Drang, ständig neue Geschäftschancen zu erkunden, machen ihn zu einem typischen Tausendsassa der heutigen Zeit.

Menschen mit Tausendsassa- oder Scanner-Persönlichkeit sind naturgemäß neugierig und leidenschaftlich daran interessiert, immer wieder neue Dinge auszuprobieren und zu erlernen. Sie sind in vielen verschiedenen Bereichen kompetent und können sich schnell und ohne große Mühe in unterschiedliche Aufgaben und Rollen einarbeiten.

Aufgrund dieser flexiblen Einsetzbarkeit werden sie auch oft als „eierlegende Wollmilchsau" oder „Schweizer Taschenmesser" bezeichnet. Sie haben ein Bedürfnis danach und lieben es, ihre vielfältigen Talente auszuleben und sinnhaft einzusetzen. Darüber hinaus sind sie ungemein kreativ und denken immer in größeren Zusammenhängen, was sie zu exzellenten Problemlösern, Strategieentwicklern und Vordenkern macht (vgl. Bauer, 2017; Kern, 2021; Sher, 2008; Wapnick, 2017). Dazu mein Klient (Tausendsassa und Führungskraft) Benjamin Lambeck: **„Wenn man Tausendsassa-Führungskräften den richtigen Rahmen schafft, in dem sie produktiv arbeiten können, sind sie kleine Produktivitäts-Maschinchen."**

Werden Scanner-Persönlichkeiten jedoch in ein zu enges Korsett gedrängt, fühlen sie sich unwohl – meist ohne selbst zu wissen, weshalb; solange sie ihr Persönlichkeitsmerkmal und dazu passende Strategien und Handlungsmöglichkeiten nicht kennen. Sie verlieren ihre Motivation und entfalten nicht ihre enorme Leistungsfähigkeit.

Wenn sich Menschen mit Scanner-Persönlichkeit auf eine Sache beschränken müssen bzw. ihnen diese nach einer Zeit vertraut geworden ist, sind sie gelangweilt und suchen dann ganz intuitiv nach neuen Herausforderungen, nach mehr Abwechslung und wieder größerem Freiraum. Dazu Führungskraft und Tausendsassa Carola Eckl: **„Ich gebe gerne Impulse, lerne, lese und gehe in den Austausch mit meinem Netzwerk auf der Suche nach neuem Wissen, das ich dann wieder zur Verbesserung der Arbeitsweise oder der Teamstruktur einsetze. Sobald ich der Meinung bin, etwas läuft ganz gut, oder mir etwas langweilig geworden ist, gehe ich auf die Suche nach der nächsten Herausforderung. Das wirbelt des Öfteren meine Umgebung durcheinander, die sich gerne mal in gewissen Routinen wiederfinden möchte, und bei mir setzt der Fluchtreflex ein, wenn ich merke, dass es für mich nicht weitergeht."**

Solange Unternehmen, Vorgesetzte, Personalabteilungen also nicht um die besondere Persönlichkeit ihrer vielseitigen Manager wissen, besteht die Gefahr, dass diese sich nach einer Zeit abwenden und das Unternehmen verlassen oder unzufrieden und unmotiviert arbeiten bzw. letztlich davon krank werden.

So wie meine Klientin Andrea, die als Führungskraft zunächst Höchstleistungen erbrachte und mit vollem Elan ihrem neuen Job nachging, nach einem Dreivierteljahr jedoch keine neuen Herausforderungen und keine neuen Lernfelder mehr hatte. Als sie zu mir ins Führungskräfte-Coaching kam, klagte sie über körperliche Beschwerden sowie Antriebslosigkeit und hatte den ernsthaften Gedanken, den Job zu kündigen – bis sie erfuhr, dass sie eine Scanner-Persönlichkeit hat und daher viel mehr Abwechslung und Freiraum benötigt, als ihr Job ihr aktuell geben konnte.

1.2   Die Rolle und Stärken von vielseitigen Managern in modernen Unternehmen

Blickt man auf die Voraussetzungen, die eine Person mitbringen sollte, um eine gute Führungskraft zu sein, wird deutlich, dass Menschen mit Scanner-Persönlichkeit hierfür geradezu prädestiniert sind. „Grob vereinfachend darf man festhalten: Wer als Führungskraft erfolgreich sein will, sollte 1.) über eine mindestens durchschnittliche Intelligenz verfügen, 2.) gute soziale Kompetenz aufweisen, d. h., sich auf ganz unterschiedliche Menschen in unterschiedlichen Situationen einstellen können, 3.) hohe Zielbindung unter Beweis stellen, d. h., die Motivations- und Willensstärke haben, ein für wichtig erkanntes Ziel auch bei Widerständen zu verfolgen, 4.) Offenheit für neue Erfahrungen zeigen, sich also flexibel auf die Herausforderungen einer sich wandelnden Situation einstellen können, [und] 5.) ausgeprägte Lernfähigkeit und -bereitschaft haben, zu verstehen als Kompetenz, sich selbstorganisiert auf neue Situationen einzustellen und sich von alten – bisher erfolgreichen – Strategien handlungsorientiert zu verabschieden" (Rosenstiel, 2014, S. 9).

Menschen mit Scanner-Persönlichkeit (alias „Tausendsassa") verfügen sowohl über eine in der Regel überdurchschnittliche Intelligenz, mit der sie komplexe Probleme multiperspektivisch lösen, als auch über eine gute soziale Kompetenz, extreme Offenheit für neue Erfahrungen, einen hohen Tatendrang und weit überdurchschnittlich ausgeprägte Lernfähigkeit und Lernbereitschaft. Sie bringen darüber hinaus unter anderem eine außerordentliche Kreativität, Problemlöse- und Innovationsfähigkeit in Teams und Unternehmen ein.

„Gerade in der modernen Arbeitswelt, zum Beispiel im Kontext von New Work, sind ganz besonders die sozialen Skills einer Führungskraft gefragt. Was aber leider immer noch häufig passiert, ist, dass eine Person in Führung kommt, weil sie fachlich extrem gut qualifiziert oder einfach weil sie dran ist. Das geht leider oft schief, weil diese Personen in der Menschenführung noch nicht die notwendigen Kompetenzen haben und mit einem rein fachlichen Blick in die

Führungsrolle gehen. **Tausendsassa haben es hier leichter als rein fachlich qualifizierte Führungskräfte. Wenn sie in Führung kommen, hatten sie ihren Blick ohnehin schon überall. Und selbst wenn sie einige Führungsfähigkeiten noch nicht haben, können sie sich diese schnell aneignen und erkennen Herausforderungen und fehlende Kompetenzen.**" (Tausendsassa, Coach und Führungskraft Johannes Junker)

Unternehmen sind heutzutage mit vielen verschiedenen und oft anspruchsvollen Herausforderungen konfrontiert, die sich aus Faktoren wie globaler Wettbewerb, technologische Veränderungen, regulatorische Anforderungen und sich häufig und rasch verändernde Kundenbedürfnisse ergeben (vgl. Lenz, 2019; vgl. Kap. 4). Infolgedessen müssen sie flexibel, agil und innovativ sein, um erfolgreich zu handeln und sich in diesem komplexen Umfeld zu behaupten.

Hierfür sind vielseitige Scanner-Führungskräfte wie geschaffen: **„Weil ich gerne in viele unterschiedliche Themen eintauche, habe ich gelernt, spontan, flexibel und lösungsorientiert zu arbeiten."** (Johannes J.) Aufgrund ihrer Vielzahl von Erfahrungen, Fähigkeiten und ihrer Persönlichkeitsstruktur können sie rasch und flexibel auf die komplexen, sich ständig ändernden Anforderungen reagieren und auch gut improvisieren, wenn es sein muss. Sie verstehen verschiedene Aspekte des Geschäfts, sei es Technologie, Marketing, Finanzen oder Strategie, und können diese gut kommunizieren und in einer Führungsposition effektiv integrieren. Sie denken „out of the box" – kreativ und innovativ – und sind sowohl bereit als auch voller Freude, neue Ideen und Herangehensweisen zu erkunden.

Führungskraft und Tausendsassa Daniel Mittelstädt: **„Als Tausendsassa kann ich meinen Mitarbeitenden gute Leitplanken für Sicherheit und Orientierung geben. Da ich mich selbst mit vielen Themen auseinandersetze und regelmäßig reflektiere, kann ich meine Erfahrungen gut teilen. So gelingt es mir, eine gute Verbindung zu meinen Mitarbeitenden herzustellen und eine gute Anlaufstelle für Fragen zu sein."**

Vielseitige Manager sind heutzutage folglich für Unternehmen so wichtig wie selten zuvor (Epstein, 2020). Ihr Potenzial kann jedoch nur dann ausgeschöpft werden und zum Tragen kommen, wenn sie richtig eingesetzt und unterstützt werden. Gerade multitalentierte Führungskräfte sind sonst schnell demotiviert und stehen dann aufgrund ihrer vielseitigen Interessen und Fähigkeiten dem Unternehmen nicht mehr zur Verfügung, da sie sich neue Betätigungsfelder und/oder Arbeitgeber suchen oder aber in Boreout oder Burnout landen.

Dazu ist es nötig, ihre besonderen Stärken und auch ihre Herausforderungen zu kennen. Zu den Stärken von vielseitigen Führungskräften, also multitalentierten Menschen in leitenden Positionen, zählen:

- **Breite Interessen und Talente:** Menschen mit Scanner-Persönlichkeit haben eine breite Palette von Interessen und Fähigkeiten, sind neugierig und offen für neue Erfahrungen. Dadurch bewegen sie sich geschickt in verschiedenen Fachdisziplinen, Branchen, Hierarchieebenen, Aufgaben- und Unternehmensbereichen.
- **Hohe Auffassungsgabe:** Personen mit Scanner-Persönlichkeit sind überdurchschnittlich intelligent und besitzen eine rasche Auffassungsgabe. Diese schnelle Auffassungsgabe und ihre Vielseitigkeit ermöglichen es ihnen, leicht verschiedene Aspekte eines Problems zu erfassen und innovative Lösungen zu sehen.
- **Vielfältige Perspektiven:** Scanner-Persönlichkeiten lieben es, Wissen und Fähigkeiten aus verschiedenen Bereichen zu kombinieren und Fragestellungen aus unterschiedlichen Blickwinkeln zu betrachten. Ihre breiten Interessen und Erfahrungen sind hierfür die Grundlage. Sie sind gut darin, Muster zu erkennen, eine ganzheitliche Sichtweise auf komplexe Probleme und Lösungsstrategien zu entwickeln sowie multidisziplinäre Teams effektiv zu führen.
- **Kreativität und Innovation:** Scanner sind oft äußerst kreativ und einfallsreich. Sie denken „out-of-the-box" und haben daher die Fähigkeit, innovative Lösungen für komplexe Probleme zu entwickeln und neue Ideen zu generieren. Wenn sich vielseitige Führungskräfte dessen bewusst sind und diese Fähigkeit in ihrer Position zum Tragen bringen können, bringen sie frische Ideen und Perspektiven in ihre Teams, inspirieren und begeistern ihre Mitarbeitenden und fördern innovative Ansätze zur Lösung von Herausforderungen.
- **Weiterentwicklung und Lernen:** Scanner-Personen sind leidenschaftliche Lernende. Sie sind immer auf der Suche nach neuen Wegen, sich weiterzuentwickeln und ihre Fähigkeiten und Kenntnisse zu erweitern. Dies macht Scanner-Führungskräfte zu Vorbildern für lebenslanges Lernen in ihren Organisationen und trägt dazu bei, dass sie selbst als Führungskraft ständig besser werden.
- **Anpassungsfähigkeit:** Scanner sind äußerst anpassungsfähig an neue Situationen und Veränderungen. Sie können sich schnell und in der Regel mühelos auf neue Anforderungen einstellen. Scanner-Führungskräfte können so Change-Prozesse ohne Scheu anstoßen, Veränderungen erfolgreich managen und ihre Teams motivieren mitzugehen.
- **Harmonie:** Scanner sind in der Regel auf Harmonie, Inklusion und Integration bedacht. Mitarbeitende haben das Gefühl, dass ihre Scanner-Vorgesetzten sich ernsthaft für sie interessieren und für sie einstehen. So haben diese Führungskräfte einen wesentlichen Anteil an einer guten Team-Atmosphäre und einem guten Betriebsklima.
- **Empathie:** Multitalentierte Führungskräfte haben oft ein tiefes Verständnis für die Bedürfnisse ihrer Mitarbeiter, da sie selbst vielfältige Perspektiven und Erfahrungen haben und von Natur aus empathisch sind. Dies macht sie zu einfühlsamen Führungskräften, die bei ihren Mitarbeitenden aufgrund dieser Stärke, Authentizität und Nahbarkeit in der Regel beliebt sind.

- **Vielseitige Kommunikation:** Scanner-Persönlichkeiten sind in der Regel gute Kommunikatoren, da sie in der Lage sind, sich an verschiedene Persönlichkeiten und Denkweisen anzupassen, und aufgrund ihres Wissensdursts und überdurchschnittlichen Intellekts über ein gutes Sprachvermögen verfügen. Diese Fähigkeit ermöglicht es ihnen, effektiv mit Teammitgliedern, Kollegen und Vorgesetzten zu interagieren und Konflikte auf konstruktive Weise zu lösen.
- **Antrieb:** Vielseitige Menschen mit Scanner-Persönlichkeit haben einen hohen intrinsischen Tatendrang und eine große Begeisterungsfähigkeit. Dies trägt dazu bei, dass mit vielseitigen Managern als Vorgesetzten Durststrecken in Teams gut überwunden werden können und Mitarbeitende für ihre Aufgaben motiviert sind.

Unter anderem diese Eigenschaften machen multitalentierte Manager mit Tausendsassa-Persönlichkeit zu besonders wertvollen Führungskräften in Unternehmen und zu einer heutzutage weitgehend unterschätzten Ressource. Sie sind außerordentlich gut dazu in der Lage, komplexe Probleme anzugehen, Innovationen voranzutreiben und Mitarbeitende zu inspirieren.

Allerdings können multitalentierte Führungskräfte auch mit besonderen Herausforderungen in Bezug auf Zielbindung, Entscheidungsfindung, Selbstorganisation und Priorisierung konfrontiert sein und aufgrund ihrer Unkonventionalität anecken, insbesondere wenn sie in einer Führungsposition sind.

1.3 Die Herausforderungen multitalentierter Führungskräfte

Tausendsassa und Führungskraft Carola E.: „**Ich wünschte, ich könnte besser ‚Nein' sagen und mich auf wenige Dinge fokussieren. Ich finde alles interessant, bin sehr neugierig, mag neue Herausforderungen und ich weiß auch, dass ich alles irgendwie gebacken bekomme. Leider denke ich in der Zeitplanung dann oft nicht realistisch und meine, immer viel mehr zu schaffen, als eigentlich machbar ist. Das überfordert dann entweder meine Mitarbeitenden, die sich nicht mehr aussehen vor lauter Projekten, oder es enttäuscht meine Vorgesetzten, die auf die Umsetzung der Projekte warten.**"

Multitalentierte Führungskräfte sind in der heutigen Geschäftswelt aufgrund ihrer Persönlichkeitsstruktur und der damit einhergehenden Stärken ein echtes Asset. Sie sind aufgrund ihrer Persönlichkeitsstruktur jedoch auch mit spezifischen Herausforderungen konfrontiert, darunter:

- **Überforderung:** Aufgrund ihrer breiten Interessen können multitalentierte Menschen dazu neigen, zu schnell und zu oft „ja" zu sagen und sich dadurch für zu viele Projekte oder Verantwortlichkeiten zu engagieren. Dies kann zu Überlastung und Stress führen.
- **Erschöpfung:** Scanner-Persönlichkeiten sind oft so leidenschaftlich bei der Arbeit, dass sie das Risiko eingehen, auszubrennen. Sie müssen lernen, ihre Energie effektiv zu managen und gut auf sich und ihre Gesundheit zu achten.
- **Unterforderung:** Sind die Aufgaben eines Beschäftigten mit Scanner-Persönlichkeit zu gleichförmig, zu wenig abwechslungsreich und zu wenig herausfordernd, gerät er in die Unterforderung bis hin zum Boreout. Hierunter leiden nicht nur die Motivation und der Output.
- **Mangelnde Fokussierung:** Die Vielseitigkeit kann dazu führen, dass Scanner-Personen Schwierigkeiten haben, sich auf eine einzige Aufgabe oder ein Ziel zu konzentrieren und dieses auch bei (internen oder externen) Widerständen stringent zu verfolgen. Dies kann die Effizienz und Produktivität beeinträchtigen.
- **Schwierigkeiten bei der Karriereausrichtung:** Die Entscheidung für eine spezifische berufliche Laufbahn kann für multitalentierte Menschen eine Herausforderung darstellen, da sie so viele Interessen verfolgen könnten und gerne vielseitig aufgestellt sein wollen.
- **Demotivation und Jobwechsel-Tendenzen:** Scanner-Persönlichkeiten brauchen immer wieder neuen Input. Bekommen Scanner-Führungskräfte diesen wechselnden Input auf ihrer Position nicht, können sie demotiviert und unzufrieden werden und haben in der Folge nicht selten Jobwechseltendenzen.
- **Veränderungsdruck:** Multitalentierte Personen brauchen Veränderung, im Kleinen wie im Großen. Manche mehr, manche weniger (vgl. die Scanner-Typen in Kap. 2), nicht immer, jedoch alle immer wieder. Haben sie nicht die Möglichkeit, etwas zu verändern, ergreifen sie oft die Flucht.
- **Einengung:** Bekommen Beschäftigte mit Scanner-Persönlichkeit nicht den nötigen Freiraum, sondern werden zum Beispiel von Vorgesetzten durch zu strikte Vorgaben oder Mikromanagement in ihrem Gestaltungsspielraum eingeengt, beeinträchtigt das nicht nur ihre Leistung, sondern sie fühlen sich auch körperlich schlecht. Denn Scanner-Persönlichkeiten benötigen mehr als andere Personen Freiraum und Unabhängigkeit.

Scanner-Führungskräfte berichten zudem häufig davon, dass sie ihre Mitarbeitenden mit ihren vielen Ideen und angefangenen Projekten überfordern. Sie haben viele verschiedene Ideen gleichzeitig und sind darüber hinaus oft gedanklich schon mehrere Schritte weiter als ihre Mitarbeiter. Dadurch fühlen sie sich oft „verzettelt" und werden sie manchmal als chaotisch oder unstrukturiert wahrgenommen: **„Ich fühle mich sprunghaft in der Birne und bin nicht klar struktu-**

riert. **Das merken auch meine Mitarbeitenden.**" (Führungskraft und Tausend-sassa Frank Meyer; Name geändert); „**Ich puzzle Details zu einem Gesamtbild zusammen, welches außer mir keiner sieht.** Ich suche deshalb oft schon nach Lösungen für Probleme, die so noch gar nicht sichtbar sind, und überfordere damit oftmals Kollegen.**" (Führungskraft und Tausendsassa Sabrina Haas)

Auch haben sie eine Tendenz, die eigenen hohen Ansprüche unreflektiert auf ihr Team zu übertragen, oder überrollen ihre Kollegen und Mitarbeitenden mit ihrem Aktionismus und können verzettelt wirken: „**Ich wirke nach außen im Team manchmal verzettelt oder unkonzentriert, obwohl ich für mich eine klare innere Struktur habe. Ich definiere bloß ‚Struktur' anders als andere. Struktur ist für mich eine tiefschichtige Verknüpfung von Gedanken und Vorgängen. Ein bisschen zu vergleichen mit einer chemischen Kettenreaktion von einzelnen Molekülen."** (Sabrina H.)

Bei der Personalauswahl steht Führungskräften ihre Scanner-Persönlichkeit ebenfalls mitunter im Weg: „**Mir fällt es leicht, in jedem Menschen hunderttausend Potenziale zu erkennen. Dementsprechend oft bin ich bei der Personalauswahl sehr begeistert und sehe im ersten Moment ganz viele Möglichkeiten, aber die Risiken, die auch mit einer Person einhergehen, die erkenne ich schwerer."** (Benjamin L.)

Zudem ist eine große Gefahr für vielseitige Führungskräfte mit Scanner-Persönlichkeit, dass sie sich zu stark inhaltlich bei ihren Mitarbeitenden einmischen, weil sie schnell begeistert sind, sich für sehr vieles interessieren und gerne mitgestalten wollen: „**Wenn jemand aus dem Team mit einer neuen Idee kommt, lasse ich mich gerne begeistern und mein eigener Kreativmodus springt an. Es braucht dann das richtige Feingefühl, anderen Mitarbeitenden und dem Team den Raum zu lassen, ihre eigenen Ideen weiterzuentwickeln, ohne zu stark einzugreifen."** (Johannes J.)

Es gilt, die spezifischen Scanner-Herausforderungen zu kennen, um sie dann aktiv anzupacken und Beschäftigte mit Scanner-Persönlichkeit entsprechend zu unterstützen, sodass ihre Herausforderungen im Berufsleben nicht hinderlich sind, sondern ihr großes Potenzial und ihre Stärken voll zum Tragen kommen.

1.4 Erste Lösungsmöglichkeiten für Scanner-Herausforderungen

Es ist für das Wohl und den Erfolg von Scanner-Führungskräften und deren Arbeitgeber essenziell, die genannten scannerspezifischen Herausforderungen zu bewältigen bzw. Strategien zu finden, um mit den Herausforderungen gut umzugehen und erfolgreich, effektiv und zum Wohle aller Beteiligter zu wirken. Die multitalentierten Führungskräfte mit Tausendsassa-Persönlichkeit können hierbei durch verschiedene Maßnahmen unterstützt werden.

Um beispielsweise der Überforderung durch zu viele Projekte oder einer mangelnden Fokussierung entgegenzuwirken (siehe dazu ausführlich Kap. 6), ist es zielführend, mit gutem Gefühl „Nein" sagen zu lernen, was für Menschen mit Scanner-Persönlichkeit alles andere als leicht ist. Tausendsassa tendieren dazu, sich neuen Projekten mit Freude anzunehmen und zuzusagen, statt darüber nachzudenken, inwieweit diese in ihre Planung passen. Und selbst wenn sie merken, dass die spannende Aufgabe eigentlich nicht in den Plan passt, ist sie häufig zu verlockend … Nur indem Tausendsassa Grenzen setzen, können sie ihre Ressourcen sinnvoll einsetzen und langfristig erhalten.

Bei Schwierigkeiten mit der Karriereausrichtung ist es sinnvoll – aber für Scanner keinesfalls trivial! –, klare berufliche Ziele zu definieren und sich auf die eigenen Kernkompetenzen zu konzentrieren bzw. den Tausendsassa-Fokus in der Vielfalt zu finden und sich darauf zu stützen. Hierauf gehe ich ausführlich in Kap. 7 ein.

Ein gezieltes Business Coaching, verstanden als personenzentrierte selbstwirksamkeitssteigernde Beratung zu Themen aus dem Arbeitskontext (Böning & Fritschle, 2008, S. 37–44; Rauen, 2014, S. 248 ff.; vgl. auch Kap. 2), durch auf diese Zielgruppe spezialisierte Coaches kann bei der Erarbeitung und Umsetzung dieser Lösungsansätze helfen. Coaching-Sitzungen sind geprägt von einem aktiven Dialog zwischen Führungskraft und Coach, bei dem Ideen generiert, Lösungen erarbeitet und der Transfer in den Arbeitsalltag sichergestellt werden. Der Coach hört aktiv zu, nimmt aufmerksam Zwischentöne wahr und stellt Fragen, um das Denken der Führungskraft anzuregen und ihren Perspektivenraum zu erweitern (vgl. Knowles, 2021). Zusätzlich kann der Business Coach bei Bedarf und in Maßen weitere Interventionen anwenden, die dem Klienten neue Handlungs-, Wahrnehmungs- oder Denkmöglichkeiten erschließen, und der Führungskraft sein Expertenwissen, Rückmeldungen und seine Außenperspektive anbieten. Diese Interaktion fördert die Selbstreflexion der Führungskraft und ermöglicht es ihr, neue Einsichten und Handlungsmöglichkeiten zu gewinnen und ihre Selbstwirksamkeit (wieder) herzustellen.

Coaching bietet hierbei den besten Rahmen, in dem sich die Führungskräfte öffnen können (Lippmann, 2019, S. 475), da es in einem geschützten und vertraulichen Raum zwischen Coach und Klient stattfindet, zu dem Dritte, wie zum Beispiel der Chef oder die Personalabteilung, keinen Zutritt haben. So können sich die Führungskräfte frei und offen mitteilen und ehrlich zu sich selbst sein, während der professionelle Coach ihnen Wertschätzung entgegenbringt und dabei neutral, verschwiegen und diskret ist. Was innerhalb des Coachings gesagt und erarbeitet wird, dringt nicht an fremde Ohren. Dieser geschützte Rahmen ermöglicht es Führungskräften ihr Anliegen (vgl. Kap. 2 und Lippmann, 2019, S. 476–477) tiefgreifend zu bearbeiten und erlaubt – im Gegensatz zu anderen Beratungsformen in Gruppensettings – auch die Bearbeitung persönlicher Themen (Lippmann, 2019, S. 475). Warum hierfür speziell Coaches nötig sind, die auf vielseitige Führungskräfte mit Scanner-Persönlichkeit spezialisiert sind, wird im folgenden Kapitel erläutert.

Darüber hinaus kann der Austausch mit Gleichgesinnten helfen. Dafür ist die aktive Beteiligung in entsprechenden sozialen Netzwerken (online wie offline) empfehlenswert. Eine weitere Möglichkeit sind gut gematchte Mentoren, die durch ihre Erfahrung als Sparringspartner dienen können. Auch das Gespräch mit Vorgesetzten oder Vertrauenspersonen im Unternehmen oder Privatkontext kann zielführend sein.

Literatur

Bauer, A. (2017). *Vielbegabt, Tausendsassa, Multitalent? Achtsame Selbstfürsorge für Scannerpersönlichkeiten.* Junfermann.

Böning, U., & Fritschle, B. (2008). *Coaching fürs Business.* ManagerSeminare.

Epstein, D. (2020). *Es lebe der Generalist!* Redline.

Kern, S. (2021). *Future Skill Vielseitigkeit.* Springer.

Knowles, S. (2021). *Positive psychology coaching.* Springer.

Lenz, U. (2019). Coaching im Kontext der VUCA-Welt: Der Umbruch steht bevor. In J. Heller (Hrsg.), *Resilienz für die VUCA-Welt* (S. 49–68). Springer.

Lippmann, E. (2019). Beratung und Coaching im Einzel- und Gruppensetting. In E. Lippmann, A. Pfister, & U. Jörg (Hrsg.), *Handbuch Angewandte Psychologie für Führungskräfte* (S. 459–481). Springer.

Lobenstine, M. (2013). *The renaissance soul: How to make your passions your life – a creative and practical guide.* The Experiment.

Rauen, C. (2014). Coaching von Mitarbeitern und Führungskräften. In L. Rosenstiel, E. Regnet, & M. E. Domsch (Hrsg.), *Führung von Mitarbeitern: Handbuch für erfolgreiches Personalmanagement* (S. 248–259). Schäffer-Poeschel.

Rosenstiel, L. (2014). Grundlagen der Führung. In L. Rosenstiel, E. Regnet, & M. E. Domsch (Hrsg.), *Führung von Mitarbeitern: Handbuch für erfolgreiches Personalmanagement* (S. 3–28). Schäffer-Poeschel.

Sher, B. (2008). *Du musst dich nicht entscheiden, wenn du tausend Träume hast.* Deutscher Taschenbuch.

Wapnick, E. (2017). *How to be everything: A guide for those who (still) don't know what they want to be when they grow up.* HarperOne.

Coaching für vielseitige (multitalentierte) Führungskräfte

Im vorangegangenen Kapitel wurden die Rolle und Bedeutung von vielseitigen Managern (alias multitalentierte Führungskräfte bzw. Führungskräfte mit Scanner- bzw. Tausendsassa-Persönlichkeit) für die Arbeitswelt genauer betrachtet, ihre Stärken sowie Herausforderungen dargelegt sowie Coaching als Lösungsmöglichkeit eingeführt.

In diesem Kapitel wird nun der Wert von Business Coaching und im Speziellen eines gezielten Coachings durch auf diese Zielgruppe spezialisierte Coaches ausführlich dargestellt und erläutert, wie und warum es multitalentierten Führungskräften dabei hilft, ihr volles Potenzial auszuschöpfen, leistungsfähig, erfüllt und erfolgreich zu sein. Dabei wird ein besonderes Augenmerk auf Coaching-Effekte und auf verschiedene Scanner-Typen gelegt. Es wird zudem dargestellt, inwieweit sich Scanner-Coaching von gewöhnlichem Business Coaching unterscheidet.

2.1 Wie Leadership Coaching Führungskräfte unterstützt

Unter „Business Coaching" wird eine selbstwirksamkeitssteigernde Beratung verstanden, die an berufsbezogenen Themen arbeitet, die einer Person (im Executive oder Leadership Coaching: der Führungskraft) zuzuordnen sind (vgl. auch Kap. 1). Ziel dieser Beratung ist, dass die Person selbstgesteuert mittels angeleiteter Selbstreflexion ihr Wahrnehmen, Fühlen, Denken, Erleben und/oder ihre Handlungs-

S. Gierhan, *Führungskräfte-Coaching für vielseitige Manager*, https://doi.org/10.1007/978-3-658-47220-7_2

möglichkeiten erweitert bzw. verbessert – spezifisch bezogen auf ihr konkretes Coachinganliegen (vgl. auch Kap. 8 für eine ausführliche Beschreibung von Business Coaching; siehe für eine Übersicht weiterer Coaching-Definitionen Böning & Fritschle, 2008).

Die Wirksamkeit und Effektivität von Business Coaching und Führungskräfte-Coaching im Speziellen (z. B. Ely et al., 2010; Grant, 2014; de Haan et al., 2019; Künzli, 2009; Ladegard & Gjerde, 2014) konnte in den letzten Jahren zuverlässig nachgewiesen werden (z. B. Birknerová et al., 2022; Grant, 2013; Grover & Furnham, 2016; Kotte et al., 2018; Künzli, 2013; Sonesh et al., 2015; Vidal-Salazar et al., 2012; Wiginton & Cartwright, 2020; vgl. auch Kap. 8 für spezifische Erfolgs- und Wirkfaktoren im Coaching).

So konnten Theeboom et al. (2014) in ihrer Meta-Analyse von 18 Studien beispielsweise zeigen, dass Coaching auf alle untersuchten Bereiche einen signifikanten positiven Effekt hat, speziell auf die Fähigkeit, zielgerichtet zu handeln, auf die individuelle Leistung sowie auf die Arbeitshaltung. Burt und Talati (2017) fanden in ihrer Meta-Analyse von 11 randomisierten Kontrollstudien, dass vor allem das Wohlbefinden von Managern durch Executive Coaching gesteigert werden kann, was wiederum einen positiven Effekt auf das Unternehmen hat. Auch wurde gezeigt, dass Business Coaching sowohl unter Führungskräften als auch unter Personalern als Methode zur Führungskräfteentwicklung sehr akzeptiert ist (vgl. London, 2001) und hierbei einen größeren Effekt hat als andere Führungskräfteentwicklungsmethoden (Olivero et al., 1997; Rekalde et al., 2017), wie zum Beispiel Trainings oder Feedback-Workshops (Nieminen et al., 2013).

Konkret hilft Leadership Coaching Führungskräften, die spezifischen individuellen Kompetenzen zu entwickeln, die für die Lösung eines aktuellen Problems und/oder für den beruflichen Erfolg und die Karriereentwicklung der Führungskraft wichtig sind (Lippmann, 2019, S. 475 ff.). Dies können zum Beispiel die Stärkung oder Entwicklung von Fähigkeiten auf den Gebieten Teamführung, Selbstmanagement, Problemlösung, Kommunikation oder Zwischenmenschliches sein.

Ein häufiges Anliegen, bei dem Führungskräfte-Coaches in Unternehmen unterstützen, ist die Bewältigung von Konflikten, wobei Coaching auch häufig präventiv zur Vermeidung von Konflikten und Problemen herangezogen wird, zum Beispiel bei Rollenwechsel oder zur Psychohygiene (Lippmann, 2019, S. 477). Durch den Coaching-Prozess lernen die Führungskräfte die Rollen und Beiträge in aktuellen Konflikten zu verstehen und diese konstruktiv zu lösen. Zudem wird ihre allgemeine Konfliktkompetenz geschult, um in zukünftigen Konflikten Lösungsstrategien entwickeln zu können, die Kommunikation im Team zu verbessern und eine harmonische Zusammenarbeit herzustellen.

Mit Coaching können Führungskräfte auch ihre Kommunikationsfähigkeiten verbessern (Lippmann, 2019, S. 475 ff.). Die Führungskräfte lernen dabei anhand einer konkreten aktuellen Situation, bei der sie an ihre Kommunikationsgrenzen gestoßen sind, klarer zu kommunizieren, aktiv zuzuhören, nonverbale Signale zu interpretieren und sich besser in verschiedenen Kontexten auszudrücken. Verbesserte Kommunikation trägt zur Reduzierung von Missverständnissen, zur Förderung eines positiven Arbeitsumfelds und zur Steigerung der Effektivität in der Zusammenarbeit bei.

Ganz allgemein bietet Business Coaching eine individuelle Unterstützung bei job-relatierten Problemen aller Art, wobei ein Coachingprozess an einem konkreten Anliegen aufgehängt ist, für das die Führungskraft gemeinsam mit dem Coach eine Lösung sucht (Lippmann, 2013, S. 17 f.; Lippmann, 2019, S. 476 ff.). Generelle Kompetenzschulungen, die von konkreten Situationen unabhängig sind, werden eher als Training bezeichnet.

Coaching fördert dabei immer die Selbstreflexion und das Selbstbewusstsein bzw. Selbstvertrauen der Klienten (Böning & Fritschle, 2008), was zu einer positiveren Einstellung gegenüber ihrer Arbeit und dem Unternehmen führen kann und damit zu einer erhöhten Mitarbeiterzufriedenheit (Susmadiana et al., 2021). Ein individuelles Coaching ermöglicht es den Klienten außerdem, ihre persönlichen Ziele mit den Unternehmenszielen in Einklang zu bringen, und befördert damit ihr persönliches und berufliches Wachstum.

Es ist dabei essenziell, dass die Klienten das Coaching freiwillig durchführen und die Möglichkeit haben, es auf ihre individuellen Bedürfnisse anzupassen. Zu enge Vorgaben sind nicht nur hinderlich für einen erfolgreichen Coachingprozess, sondern auch der Person und Würde des Klienten nicht angemessen (Eck, 2013, S. 357 ff.). Der Coachingprozess selbst unterliegt der Vertraulichkeit und Diskretion. Führungskräfte und Personalabteilungen haben daher kein Anrecht darauf zu erfahren, welche Themen im Coachingprozess besprochen wurden und zu welchen Erkenntnissen und Ergebnisse der Mitarbeitende gekommen ist. Nur so kann ein Coachingprozess wirklich zielführend und effektiv sein (vgl. Looss, 2006).

Ein gezieltes Coaching unterstützt also dabei, konkrete Probleme zu lösen, die Arbeitsbedingungen zu verbessern, die individuellen Stärken und Fähigkeiten der Führungskräfte zu entwickeln sowie deren Arbeitszufriedenheit und die ihrer Mitarbeitenden zu steigern. Hierdurch können sie motivierter, produktiver und leistungsfähiger werden.

2.2 Weshalb Vielseitigkeit zur Hürde werden kann

Multitalentierte Führungskräfte nehmen in der Arbeitswelt eine besondere Rolle ein (vgl. auch Kap. 1): Durch ihr breites Spektrum an Fähigkeiten, Interessen und Talenten sind sie flexibel einsetzbar und können eine Vielzahl von Aufgaben erfolgreich bewältigen; sie sind gute Problemlöser, haben visionäre Ideen und sind in der Regel hoch kreativ und innovativ; auch ihre Fähigkeit, verschiedene Perspektiven einzunehmen und zu kombinieren, ist für Unternehmen bzw. ihre Arbeitgeber sehr wertvoll; darüber hinaus bringen sie wichtige weitere Führungskompetenzen mit, wie Empathie, hohe soziale Kompetenz, gute Kommunikationsskills, Offenheit für Neues, rasche Auffassungsgabe, weit überdurchschnittlich ausgeprägte Lernfähigkeit und Lernbereitschaft sowie große Begeisterungsfähigkeit.

Allerdings stehen vielseitige Führungskräfte aufgrund ihres breiten Spektrums an Fähigkeiten und Interessen auch vor einigen Herausforderungen, die im vorangehenden Kapitel ausführlich dargestellt wurden. Daraus folgt beispielsweise, dass sie dazu neigen, viele Aufgaben gleichzeitig bewältigen zu wollen oder sich in mehreren verschiedenen Unternehmensbereichen zu engagieren. Dies kann zu Überlastung, unzufriedenen Mitarbeitern und zu Unsicherheit bezüglich Prioritäten führen oder dazu, dass wichtige Aufgaben unerledigt bleiben.

Tausendsassa und einstige Führungskraft Angela Rohde: **„Fokus ist ein Riesenthema für uns Tausendsassa. Zu viele Ideen sprudeln, alles ist spannend, aber ich bekomme letztlich nicht alles umgesetzt. Es ist wahnsinnig schwer, ganz viele Bälle gleichzeitig in der Luft zu halten. Das funktioniert nicht. Sie fallen dann irgendwann alle plötzlich runter und dann ist das Dilemma riesengroß, weil ich so viele Versprechungen gegeben und allen gesagt habe, was ich alles übernehmen werde, aber letztendlich die PS nicht auf die Straße kommen. Dann kommt man sich vor wie ein Hochstapler. Da muss man aus meiner Sicht als Führungskraft aufpassen, sich selbst nicht zu sehr anzutreiben."** Hier ist es essenziell, die multitalentierten Führungskräfte mit Strategien und einer Haltung auszustatten, die es ihnen ermöglichen, gut zu priorisieren, damit sie sich auf das Wesentliche konzentrieren und die richtigen Entscheidungen treffen können.

Die Vielfalt ihrer Begabungen, der Wunsch, immer wieder neue Dinge kennenzulernen, und das Bedürfnis, sich nicht einzuschränken, kann auch bewirken, dass Scanner-Persönlichkeiten Schwierigkeiten haben, sich für eine klare berufliche Richtung zu entscheiden. Sie wollen sich nicht festlegen und fühlen sich überfordert, wenn sie versuchen, alle ihre Interessen und Neigungen unter einen Hut zu bringen. Dies verursacht bei den Betroffenen Orientierungslosigkeit, Unzufriedenheit, Unsicherheit und ein Gefühl von mangelnder beruflicher Erfüllung (Wapnick, 2017) und kann Jobwechseltendenzen zur Folge haben.

In dieser Situation ist es wesentlich, den Führungskräften Klarheit zu geben und das Gefühl von Machbarkeit, sodass sie aus ihrer Ohnmacht wieder hin zur aktiven Handlungsfähigkeit kommen.

2.3 Was in dieser Situation nützt und wobei Coaching konkret helfen kann

Gezieltes Coaching durch Business Coaches, die sich auf multitalentierte Führungskräfte spezialisiert haben und sich mit der Zielgruppe gut auskennen und bestenfalls selbst eine Scanner-Persönlichkeit haben, ist die beste Voraussetzung, um Scanner-Führungskräfte effektiv zu unterstützen. In solch einem Coaching finden multitalentierte Führungskräfte funktionierende und individuelle Lösungen für ihre konkreten Anliegen und Herausforderungen, die oft aus ihrer besonderen Scanner-Natur resultieren. Sie lernen, wie sie ihre Teams effektiv führen und ihre Energie, Talente, Aufmerksamkeit und Ressourcen auf die Bereiche konzentrieren, die langfristig sowohl für ihre persönliche Erfüllung als auch für den Erfolg des Unternehmens wichtig sind.

Gezieltes Coaching von Scanner-Führungskräften durch Business Coaches, die auf diese Zielgruppe spezialisiert sind, kann folgende Effekte haben:

- **Potenzial gewinnbringend einsetzen:** Coaching unterstützt multitalentierte Führungskräfte dabei, ihre vielseitigen Stärken und Fähigkeiten zu erkennen, ihre zahlreichen Begabungen in verschiedenen Bereichen gut zu nutzen und diese strategisch und gewinnbringend für sich und das Unternehmen einzusetzen.
- **Sich gut strukturieren und fokussieren:** Business Coaching kann Führungskräften mit Scanner-Persönlichkeit bei der Strukturierung und Selbstorganisation helfen, indem es Strategien aufzeigt, die zu einem guten Zeit- und Selbstmanagement führen und einem fokussierten Arbeiten. Das Coaching unterstützt die Manager, ihre Aufgaben und Verantwortlichkeiten effektiver zu organisieren und den Fokus trotz nötiger Vielfalt und gegebener Vielseitigkeit auf die wesentlichen Aspekte ihrer Rolle und definierte Ziele zu lenken.
- **Gut priorisieren und entscheiden:** Durch Coaching entwickeln vielseitige Führungskräfte auch die Fähigkeit, besser zu priorisieren und zu entscheiden. Dies trägt dazu bei, ihre Arbeitslast zu reduzieren und ihre Produktivität sowie Effektivität und Zielerreichung zu steigern.
- **Effektiv kommunizieren:** Durch Coaching können vielseitige Führungskräfte lernen, wie sie in Teams und mit Vorgesetzten und Mitarbeitenden effektiv kommunizieren und zusammenzuarbeiten, sodass ihre meist hervorragenden und innovativen Ideen, ihr Tatendrang und Veränderungspotenzial sowie ihre Fähigkeit, größere Zusammenhänge herzustellen, ein Wiederlager finden und Wirkung entfalten können.

- **Teams gut führen:** Im Coaching lernen Scanner-Führungskräfte moderne Führungskompetenzen, wie agil zu arbeiten, Innovationen voranzutreiben, klar zu delegieren und ihr Team so zu führen, dass es motiviert ist und zusammenhält. Dies steigert die Mitarbeiterzufriedenheit und minimiert schlechte Leistungen sowie Fluktuation im Unternehmen.

- **Sich auf klare Ziele ausrichten:** Coaching hilft ihnen auch dabei, ihre beruflichen Ziele klarer zu definieren (Stichwort: „Was will ich eigentlich") und Karriereschritte einzuleiten, die ihren Interessen, Fähigkeiten und den Möglichkeiten des Unternehmens entsprechen. Dies befördert ihre berufliche Motivation und Entwicklung und führt gleichzeitig zu einem zufriedenen und ausgewogenen Leben, was sich wiederum positiv auf das Unternehmen auswirkt.

- **Stress bewältigen und Resilienz verbessern:** Im Rahmen des Coachings können Führungskräfte mit Scanner-Persönlichkeit auch Strategien zur Steigerung ihrer Resilienz, zum Energie- und Ressourcenmanagement sowie zur effektiven Bewältigung von Stress entwickeln. Des Weiteren erarbeiten sie Strategien zur Prävention und Bewältigung von Überforderung durch Tatendrang und Arbeitsfülle, was langfristig zu ihrem persönlichen und beruflichen Wohlbefinden beiträgt und ihre Work-Life-Balance bzw. Life-Domain-Balance (s. Kap. 7) verbessert.

Spezialisiertes Leadership Coaching bietet multitalentierten Menschen in leitenden Positionen also die Möglichkeit, ihre Führungskompetenz zu erweitern und bei konkreten Zielstellungen Unterstützung zu erfahren. Es hilft ihnen dabei, Klarheit über ihre beruflichen Aufgaben und Ziele zu gewinnen, sich auf die wichtigsten Projekte zu konzentrieren und effektive, auf sie zugeschnittene Strategien zur Bewältigung der beruflichen Herausforderungen zu entwickeln, die speziell aus ihrer besonderen Persönlichkeit resultieren (vgl. Kap. 1 und 10).

Ich darf in meinen Führungskräfte-Coachings immer wieder erleben, wie eine große Last von meinen Klienten abfällt, wenn sie ihre besondere Persönlichkeit kennen und schätzen gelernt haben. Sie verstehen, auf ihrer Führungsposition ihr Potenzial zur Geltung zu bringen, ohne dass ihnen dabei ihre Vielseitigkeit länger in die Quere kommt.

2.4 Individuelle Beratung für verschiedene Scanner-Typen

Keine zwei Führungskräfte haben dieselben Herausforderungen oder Ziele. Ein guter Führungskräfte-Coach wird daher neben der aktuellen Situation und dem System bzw. den Systemen, in denen sich der Klient befindet, auch den individuellen Hintergrund und die spezifische Persönlichkeit einer Führungskraft beim Coaching sorgfältig berücksichtigen.

Die Persönlichkeit von multitalentierten Führungskräften, also Führungskräfte mit Scanner-Persönlichkeit, unterscheidet sich von der der meisten anderen Menschen, denn geschätzte 90 % der Bevölkerung sind keine Tausendsassa (Heintze, 2016). Und auch innerhalb der Tausendsassa gibt es einige Unterschiede, sodass neun so genannte Scanner-Typen differenziert werden können (vgl. Kasten).

Ein Coach sollte um diese besondere Persönlichkeitsstruktur und ihre Bedürfnisse, Beweggründe und Verhaltensweisen wissen, um gut, zielführend und nachhaltig beraten zu können. Dabei sollte er grundsätzlich eine offene Haltung bewahren und klientenzentriert vorgehen (vgl. Kap. 8), denn nicht jeder Mensch ist gleich und Scanner-Persönlichkeit ist nicht gleich Scanner-Persönlichkeit. Einige können sich beispielsweise gut strukturieren, während andere gerade an dieser Stelle ihre größte Baustelle haben. Denn auch vielseitige Führungskräfte sind keine „One-Size-Fits-All"-Personen. Obwohl sie alle viele Interessen und/oder Begabungen haben und sich in einigen Merkmalen ähneln, bringen sie unterschiedliche Fähigkeiten, Erfahrungen, Interessensgebiete und Verhaltensweisen sowie weitere Persönlichkeitsmerkmale mit.

Dabei ist zu betonen, dass ein Mensch nicht entweder Scanner oder kein Scanner ist. Denn wie andere Persönlichkeitsmerkmale auch (Lehmann & Jüling, 2020) ist das Merkmal der Vielseitigkeit ein Kontinuum: Manche tragen es sehr stark in sich, manche weniger und die meisten Personen gar nicht. Und selbstverständlich haben Scanner zusätzlich zu ihrer besonderen Vielseitigkeit weitere Persönlichkeitsmerkmale, wie Introversion/Extraversion, Optimismus/Pessimismus etc. Ein Scanner oder Tausendsassa zu sein, ist also nichts per se Gutes oder Schlechtes, sondern lediglich eine der vielen Ausprägungen der Natur.

Die unterschiedlichen Scanner-Typen nach Barbara Sher (2008)

Die amerikanische Karriereberaterin Barbara Sher stieß in ihrer Arbeit immer wieder auf Menschen, die vielfältig interessiert waren, sich nicht auf ein einziges Thema spezialisieren wollten und sich daher nur schwer für einen Karrierepfad entscheiden konnten. In diesen Merkmalen unterschieden sich die Personen deutlich von Shers anderen Klienten, sodass die Beraterin einen Begriff für diese Personengruppe proklamierte. Sher nannte solche Personen „Scanner-Persönlichkeit" und entwickelte in der Folge ein Klassifikationssystem dieses Persönlichkeitsmerkmals.

Sher stellte fest, dass alle diese Personen neun Typen zugeteilt werden konnten, denen zwei Grundtypen zugrunde lagen. Die beiden Grundtypen nannte Sher die **zyklischen Scanner** und die **Sequenz-Scanner**. Wie lange eine Scanner-Person bei einer Sache bleiben kann und wie viele Interessen sie parallel verfolgt, entscheidet darüber, welchem der beiden Grundtypen sie zuzuordnen ist.

Zyklische Scanner sind sich in der Regel über ihre Interessen relativ gut im Klaren und gehen diesen in unterschiedlichen Zeitabständen nach – unabhängig davon, um wie viele Themengebiete es sich handelt.

Die zyklischen Scanner gruppieren sich laut Sher in drei Untertypen, die sie „Doppelagent", „Sybille" und „Tellerjongleur" nennt. Wie der Name es vermuten lässt, haben Scanner des Typs **Doppelagent** permanent das Gefühl, ein Doppelleben zu führen und sich nach dem zu sehnen, was sie gerade nicht haben. Der Großteil der zyklischen Scanner trägt Anteile der **Sybille** in sich, das bedeutet, dass sie sich für mehrere gleichbleibende Interessen über einen längeren Zeitraum begeistern können, wobei sie die Befürchtung haben, auf keinem Gebiet gut genug zu sein, um Anerkennung dafür zu bekommen. Scanner des Typs **Tellerjongleur** sind Meister des Multitaskings. Sie jonglieren viele Themen auf einmal, können sich dabei aber auch schnell im Kreis drehen, da sie es anderen oft recht machen möchten und ihre eigenen Träume dafür beiseiteschieben.

Sequenz-Scanner hingegen bleiben selten bei denselben Interessen, sondern springen von einem Thema zum nächsten, ohne dabei ein vorangehendes zu wiederholen. Die Sequenz-Scanner unterteilt Sher in den „Serienspezialisten", den „Serienmeister", den „Universalisten", den „Wanderer", den „Ausprobierer" und den „Turbo-Wechsler".

Serienspezialisten gehen ganz unterschiedlichen Leidenschaften nach und können sich dabei auf ihren inneren Kompass verlassen, der ihnen die Grenzen ihres Spezialistentums aufzeigt, weshalb Perfektionismus außen vor bleibt. Im Gegensatz dazu steht der **Serienmeister**, der erst aufhört, einem Thema nachzugehen, wenn er es vollständig ergründet und sich in diesem Bereich einen Namen gemacht hat. **Universalisten** geht es hauptsächlich um die Freude am Lernen, wodurch sie auch bereit sind, sich neuen Interessen zu widmen, ohne zu wissen, ob sie daraus einen direkten Mehrwert ziehen. Scanner, die nie lange bei einem Thema bleiben und sich lieber immer weiter fortbewegen möchten, gehören zum Typ des **Wanderers**. Sie lassen die Dinge auf sich zukommen und verfolgen meist keine großen Pläne. Der **Ausprobierer** ist dem Wanderer sehr ähnlich, jedoch ist er sprunghafter und möchte am liebsten nichts zweimal machen, sondern so viel wie möglich ausprobieren. Der **Turbo-Wechsler** schließlich empfindet eine übermäßige Freude an allem, was es zu erkunden gibt, bewegt sich im Eiltempo von einem Abenteuer ins nächste und hat deshalb häufig ein schlechtes Gewissen.

Trotz dieser Klassifizierung der Scanner in 9 Typen, setzt sich die individuelle Persönlichkeit von Scannern meist aus mehreren der vorgestellten Typen zusammen. Jeder Scanner kann also Anteile mehrerer Typen in sich tragen und kein Scanner lässt sich exklusiv einem Typ zuordnen.

Für einen effektiven Coachingprozess mit vielseitigen Managern ist es wichtig, als Führungskräfte-Coach die verschiedenen Scanner-Typen und deren individuelle Bedürfnisse zu kennen. Dabei ist Coaching für vielseitige Führungskräfte nicht auf eine festgelegte Methode oder einen starren Ansatz beschränkt. Vielmehr muss es – wie jedes gute Business Coaching! – flexibel und anpassbar sein, um den Bedürfnissen der individuellen multitalentierten Führungskraft gerecht zu werden, mit der der Coach gerade zusammenarbeitet (Hellwig, 2018, S. 136; vgl. auch Kap. 8).

Auf konkrete, besonders für vielseitige Manager wirksame Coaching-Strategien und Interventionen werde ich in Teil III eingehen.

2.5 Warum auf vielseitige Manager spezialisierte Coaches nötig sind

Verschiedentlich wird mir – in der Regel von Personen ohne Scanner- bzw. Tausendsassa-Persönlichkeit – die Frage nach der Existenzberechtigung auf Scanner spezialisierter Coaches gestellt: Wozu braucht es eigentlich Scanner-Coaching, können Tausendsassa nicht auch von normalen Business Coaches gut beraten werden? Meine einfache Antwort hierauf ist: ja und nein.

Menschen mit Scanner-Persönlichkeit sind aufgrund ihrer (im wörtlichen Sinne des Wortes) außergewöhnlichen Persönlichkeit anders als das Gros der Klienten, was für einen Coach, der selbst kein Scanner ist oder sich nicht eingehend mit dem Persönlichkeitsmerkmal beschäftigt hat, nur schwer nachvollziehbar ist. Aus diesem Persönlichkeitsmerkmal resultieren spezifische Anforderungen:

- Menschen mit Scanner-Persönlichkeit haben spezifische Anliegen, die zum Teil anders gelagert sind als bei anderen Führungskräften, wie beispielsweise Projekte zum Abschluss zu führen, die eigene Vielfalt zu strukturieren, einen Fokus zu finden und Stress abzubauen trotz anhaltenden Tatendrangs. Hinzu kommt die Herausforderung, trotz eines ständig aktiven Gehirns strukturiert zu arbeiten.
- Sie denken anders (vgl. Kap. 1).
- Sie benötigen andere Interventionen, die zu anderen Lösungen führen. Dazu gehört, sich selbst und seine Natur zu erkennen, die vielfältigen Stärken und besonderen Bedürfnisse und Herausforderungen zu verstehen sowie zu analysieren, wo man gegen seine Natur arbeitet, zu lernen, sich selbst mit seiner besonderen Persönlichkeitsstruktur zu akzeptieren, und Wege zu finden, um mit den ureigenen Herausforderungen erfolgreich umzugehen.

Coaches, die nicht eingehend über das Persönlichkeitsmerkmal und die daraus resultierenden Anforderungen informiert sind, neigen dazu, die Methoden anzuwenden oder Ratschläge zu erteilen, die gemeinhin bei ihren Klienten funktionieren, aber dieser besonderen Zielgruppe der Scanner-Führungskräfte nicht weiterhelfen, zum Beispiel die vorhandenen Ideen zu priorisieren, während das den Scanner-Klienten einschränken könnte und er vielmehr den Ideenraum erweitern möchte, oder Zeitmanagement-Tools zu verwenden, während es das eigentliche Problem des Scanner-Klienten sein könnte, dass er sich leicht von Zielen ablenken lässt. Es werden dann Lösungen vorgeschlagen oder erarbeitet, die bei Nicht-Scannern funktionieren, welche das Gros der Klienten ausmacht. Da dies jedoch gegen die Natur der Scanner-Persönlichkeit ist, können diese Lösungen nicht langfristig funktionieren. So wie introvertierte Personen damit unglücklich werden, wenn sie sich auf Dauer wie extrovertierte Personen verhalten sollen.

Ein konsequent klientenzentriert konstruktivistisch arbeitender Coach, der eine große Erfahrung mitbringt und ein breites Repertoire an Methoden hat, kommt hier möglicherweise trotzdem zum Ziel, weil er den Klienten seine eigenen Lösungen erarbeiten lässt und der Coach sich mit seinen eigenen Anschauungen, persönlichen Erfahrungen, Hypothesen und Meinungen komplett aus dem Beratungsprozess heraushält (Radatz, 2013, S. 111). Einem Coach, der das Persönlichkeitsmerkmal

„Scanner-Persönlichkeit" nicht in seiner ganzen Breite kennt oder es nicht nachvollziehen kann, weil er selbst zum Beispiel konträr dazu gelagert ist, werden solche Coachingprozesse jedoch eher schwerfallen, viel Mühe und Zeit kosten und sich ungut anfühlen, weil immer ein Störgefühl im Raum ist, welches sowohl Coach als auch Klient wahrnehmen.

Ein Scanner-Coach, der mit den Anliegen, Denkweisen, spezifischen Interventionen etc. dieser besonderen Zielgruppe jedoch vertraut ist, weil er selbst eine Scanner-Persönlichkeit und umfangreiche Coaching-Erfahrung mit der Zielgruppe hat, kann hier weit effektiver und effizienter helfen, und zwar aus mehreren Gründen:

- Er kennt die spezifischen Herausforderungen und Problemstellungen der Zielgruppe und hat für diese speziellen Anliegen wirksame Interventionen parat.
- Klient und Coach haben die gleiche Geschwindigkeit beim Denken und kennen die gleichen Herausforderungen. Dies führt dazu, dass der Klient nicht erst alles umständlich erklären und Verständnis schaffen muss, sondern sich Coach und Klient teils ohne Worte verstehen. Daher ist ein solches Coaching müheloser und schneller.
- Die Coach-Klienten-Beziehung – ein wesentlicher Erfolgsfaktor im Coaching (vgl. Kap. 8) – beruht auf viel Verständnis und Wohlgefühl, was ein günstiges Coaching-Outcome wahrscheinlicher macht. Von meinen Klienten höre ich in diesem Zusammenhang oft Sätze wie: „Ich habe mich zum ersten Mal verstanden gefühlt." oder „Wir schwingen auf einer Wellenlänge."
- Es sind – weitere wichtige Erfolgsfaktoren eines Coachings (vgl. Kap. 8) – eine große Authentizität gegeben („Geht mir auch so.") und Glaubwürdigkeit statt Störgefühle.
- Auch Beratungsanteile, falls nötig oder gewünscht, können von einem solchen Coach, der sich mit der Materie gut auskennt, realisiert werden.

Es lässt sich insgesamt also festhalten, dass konsequent konstruktivistisch und klientenzentriert arbeitende Coaches ebenfalls Scanner-Persönlichkeiten nützlich sein können, auf die Zielgruppe spezialisierte Coaches jedoch bei scannerspezifischen Anliegen voraussichtlich erfolgversprechender sowie kostengünstiger, weil effizienter, sind.

Literatur

Birknerová, Z., Čigarská, B. N., Vojtilová, V., & Gabrhelová, G. (2022). Coaching in the field of business management. *Journal of Management and Business: Research and Practice,* *14*(1), 1–12.

Böning, U., & Fritschle, B. (2008). *Coaching fürs Business*. ManagerSeminare.

Burt, D. S., & Talati, Z. (2017). The unsolved value of executive coaching: A meta-analysis of outcomes using randomised control trial studies. *International Journal of Evidence Based Coaching and Mentoring, 15*(2), 17–24.

de Haan, E., Gray, D. E., & Bonneywell, S. (2019). Executive coaching outcome research in a field setting: A near-randomized controlled trial study in a global healthcare corporation. *Academy of Management Learning & Education, 18*(4), 581–605.

Eck, C. D. (2013). Ethische Fragen im Coaching von Führungskräften und Managementgremien. In E. Lippmann (Hrsg.), *Coaching* (S. 343–361). Springer.

Ely, K., Boyce, L. A., Nelson, J. K., Zaccaro, S. J., Hernez-Broome, G., & Whyman, W. (2010). Evaluating leadership coaching: A review and integrated framework. *The Leadership Quarterly, 21*(4), 585–599.

Grant, A. M. (2013). The Efficacy of Coaching. In J. Passmore, D. B. Peterson, & T. Freire (Hrsg.), *The Wiley-Blackwell handbook of the psychology of coaching and mentoring* (S. 13–39). Wiley.

Grant, A. M. (2014). The efficacy of executive coaching in times of organisational change. *Journal of Change Management, 14*(2), 258–280.

Grover, S., & Furnham, A. (2016). Coaching as a developmental intervention in organisations: A systematic review of its effectiveness and the mechanisms underlying it. *PLOS ONE, 11*(7), 1–41.

Heintze, A. (2016). *Auf viele Arten anders*. Ariston.

Hellwig, C. (2018). *Personzentriert-integrative Gesprächsführung im Coaching*. Springer.

Kotte, S., Hinn, D., Oellerich, K., & Möller, H. (2018). Stand der Coachingforschung: Ergebnisse der vorliegenden Metaanalysen. In S. Greif, H. Möller, & W. Scholl (Hrsg.), *Handbuch Schlüsselkonzepte im Coaching* (S. 553–562). Springer.

Künzli, H. (2009). Wirksamkeitsforschung im Führungskräfte-Coaching. *Organisationsberatung, Supervision, Coaching, 16*(1), 4–18.

Künzli, H. (2013). Wirksamkeitsforschung im Führungskräftecoaching. In E. Lippmann (Hrsg.), *Coaching* (S. 370–385). Springer.

Ladegard, G., & Gjerde, S. (2014). Leadership coaching, leader role-efficacy, and trust in subordinates. A mixed methods study assessing leadership coaching as a leadership development tool. *The Leadership Quarterly, 25*(4), 631–646.

Lehmann, W., & Jüling, I. (2020). Alte Bäume haben Charakter – Persönlichkeit im Alter. In *Auch alte Bäume wachsen noch* (S. 109–121). Springer.

Lippmann, E. (2013). Grundlagen auf der Basis eines systemisch-lösungsorientierten Beratungsansatzes. In E. Lippmann (Hrsg.), *Coaching* (S. 13–52). Springer.

Lippmann, E. (2019). Beratung und Coaching im Einzel- und Gruppensetting. In E. Lippmann, A. Pfister, & U. Jörg (Hrsg.), *Handbuch Angewandte Psychologie für Führungskräfte* (S. 459–481). Springer.

London, M. (2001). *Leadership development: Paths to self-insight and professional growth*. Psychology Press.

Looss, W. (2006). *Unter vier Augen: Coaching für Manager*. EHP.

Nieminen, L. R. G., Smerek, R., Kotrba, L., & Denison, D. (2013). What does an executive coaching intervention add beyond facilitated multisource feedback? Effects on leader self-ratings and perceived effectiveness. *Human Resource Development Quarterly, 24*(2), 145–176.

Olivero, G., Bane, K. D., & Kopelman, R. E. (1997). Executive coaching as a transfer of training tool: Effects on productivity in a public agency. *Public Personnel Management, 26*(4), 461–469.

Radatz, S. (2013). *Beratung ohne Ratschlag.* Literatur-VSM.

Rekalde, I., Landeta, J., Albizu, E., & Fernandez-Ferrin, P. (2017). Is executive coaching more effective than other management training and development methods? *Management Decision, 55*(10), 2149–2162.

Sher, B. (2008). *Du musst dich nicht entscheiden, wenn du tausend Träume hast.* Deutscher Taschenbuch.

Sonesh, S. C., Coultas, C. W., Lacerenza, C. N., Marlow, S. L., Benishek, L. E., & Salas, E. (2015). The power of coaching: A meta-analytic investigation. *Journal of Theory, Research and Practice, 8*(2), 73–95.

Susmadiana, S., Lian, B., & Puspita, Y. (2021). The effect of managerial supervision and work motivation on improving principal's performance. *Journal of Social Work and Science Education, 2*(2), 181–187.

Theeboom, T., Beersma, B., & van Vianen, A. E. M. (2014). Does coaching work? A meta-analysis on the effects of coaching on individual level outcomes in an organizational context. *The Journal of Positive Psychology, 9*(1), 1–18.

Vidal-Salazar, M. D., Ferrón-Vílchez, V., & Cordón-Pozo, E. (2012). Coaching: An effective practice for business competitiveness. *Competitiveness Review, 22*(5), 423–433.

Wapnick, E. (2017). *How to be everything: A guide for those who (still) don't know what they want to be when they grow up.* HarperOne.

Wiginton, J. G., & Cartwright, P. A. (2020). Evidence on the impacts of business coaching. *Journal of Management Development, 39*(2), 163–180.

Teil II

Die Grundlagen einer erfolgreichen vielseitigen Führungskraft

Stärkenidentifikation und -entwicklung

3

Vielseitige Führungskräfte verfügen über eine breite Palette von Stärken und Fähigkeiten, die sich über diverse Bereiche erstrecken. Die Vielfalt dieser Stärken ist eine unschätzbare Ressource, deren sich die multitalentierten Führungskräfte meist jedoch nicht bewusst sind. Im folgenden Kapitel werde ich daher herausarbeiten, wie vielfältige Stärken auf die Führungsrolle einzahlen.

Ich werde die Bedürfnisse und Bedarfe vielseitiger Führungskräfte beleuchten und darlegen, wie ein auf multitalentierte Führungskräfte spezialisiertes Coaching helfen kann, die vielfältigen Stärken und Bedarfe dieser Führungskräfte zu erkennen und zu entwickeln sowie das Arbeitsumfeld und ihre Führungsrolle entsprechend zu gestalten. Zudem gebe ich praktische Hinweise für den nachhaltigen Einsatz der Stärken sowie Empfehlungen zum kontinuierlichen Ausbau der Stärkenorientierung, die direkt angewandt werden können.

3.1 Das Potenzial vielfältiger Stärken für die Führungsrolle

Stellen Sie sich vor, eine Führungskraft kann ebenso gut mit Zahlen umgehen als auch Menschen inspirieren, technische Herausforderungen meistern, sich organisieren und kreative Ideen entwickeln. Solche Führungspersonen möchte man doch gerne haben, oder?

Vielseitige, multitalentierte Führungskräfte sind solche „eierlegenden Wollmilchsäue". Sie haben nicht nur eine breite Palette an Stärken, sondern tragen in

sich darüber hinaus eine Mischung aus intellektueller Neugier, Offenheit für
Veränderung, Begeisterungsfähigkeit, Tatendrang, hoher sozialer Kompetenz und
schneller Auffassungsgabe (vgl. Kap. 1).

Die Stärken, Fähigkeiten und Interessen dieser Führungskräfte sind nicht auf eine
spezifische Rolle oder einen festen Bereich beschränkt. Vielmehr erstrecken sie sich
auf diverse Bereiche, wodurch diese Führungskräfte einen breiten Horizont haben und
besonders anpassungsfähig, wandelbar und flexibel sind. Sie können verschiedene
Herangehensweisen und Perspektiven kombinieren, was wiederum kreative Lösungen und neue Ideen katalysiert. Eine Führungskraft mit einem Hintergrund sowohl in
Design als auch Technologie kann beispielsweise innovative Lösungen für Produkt-
entwicklungsprobleme finden, indem sie durch die Verbindung von kreativem Denken
und technischem Wissen Produkte schafft, die sowohl ästhetisch ansprechend als auch
technologisch fortschrittlich sind.

Das Potenzial der vielfältigen Stärken multitalentierter Führungskräfte zeigt
sich auch in ihrer Fähigkeit, übergreifend zu denken und Muster zu erkennen.
Scanner-Personen haben hier ein großes Talent, dessen sie sich selbst oft nur unbewusst oder gar nicht klar sind. Diese Meta-Kompetenz führt dazu, dass sie nicht
nur sehr innovative und kreative Problemlöser sind, sondern auch hervorragende
strategische Planer, die stets das große Ganze im Blick haben.

Weil multitalentierte Führungskräfte natürlicherweise immer über ihren eigenen
Tellerrand blicken, haben sie zudem die Fähigkeit, Brücken zwischen verschiedenen
Abteilungen und Teammitgliedern zu schlagen, und verbessern so die Zusammenarbeit und das Gesamt-Outcome. Eine vielseitige Führungskraft zum Beispiel, die
sowohl über profunde Erfahrungen in Kommunikation und Marketing als auch über
tiefe technische Kenntnisse verfügt, kann die Zusammenarbeit zwischen Marketing
und Entwicklung verbessern und die Effektivität von Marketingstrategien erhöhen,
indem sie komplexe technische Konzepte verständlich kommuniziert.

Stärken sind auch die Grundlage für Selbstvertrauen, Selbstbewusstsein und
Authentizität in der Führungsrolle. Sie ermöglichen es Führungskräften, in schwierigen Situationen souverän und selbstsicher zu agieren und kluge Entscheidungen zu
treffen. Kennen multitalentierte Führungskräfte ihre vielfältigen Stärken also und
nutzen sie diese bewusst, sind sie in der Lage, ihre Teams nachhaltig zu motivieren
und erfolgreich zu leiten, was wiederum zu erhöhter Mitarbeiterzufriedenheit und
Engagement, Produktivität, besseren Teamleistungen und einem positiveren Arbeitsumfeld führt (Mubashar & Harzer, 2023; Rosen, 2024; Wang et al., 2023).

Wenn Führungskräfte mit Scanner-Persönlichkeit ihre vielfältigen Talente und
Stärken erkennen und diese bewusst entwickeln und strategisch einsetzen, hat dies
einen direkten Einfluss auf ihre Führungskompetenz und zusätzlich auf ihre eigene
Arbeitsmotivation sowie einen echten unternehmerischen und gesellschaftlichen
Mehrwert. Dazu kann Business Coaching beitragen.

3.2 Stärken erkennen und weiterentwickeln mittels Coaching

Damit vielseitige Führungskräfte ihr volles Potenzial entfalten, ist es wichtig, dass sie ihre individuellen Stärken identifizieren und bewusst einsetzen lernen. Vielseitige Manager zeichnen sich durch eine breite Palette von Fähigkeiten und Interessen aus, denen sie sich oft nicht gewahr sind. Es herrscht vielmehr ein Defizitdenken und ich höre von meinen Klienten Sätze wie:

- „Ich kann alles ein bisschen, aber nichts richtig."
- „Ich bin leider kein Spezialist."
- „Ich weiß gar nicht, was ich kann."
- „Ich wünschte, ich hätte mehr Kompetenz auf den Gebieten meiner Mitarbeitenden."

Dass mit diesem Mindset vorhandenes Potenzial ungenutzt auf der Strecke bleibt, ist nicht verwunderlich!

Multitalentierte Führungskräfte kennen und schätzen ihre vielfältigen Talente häufig nicht, da sie diese meist ohne großen Aufwand erworben haben oder sie ihnen in die Wiege gelegt worden sind. Zudem leben wir in einer Gesellschaft und Wirtschaft, die traditionell auf Spezialisten setzt und ihnen, zum Beispiel in Bewerbungsprozessen, für gewöhnlich den Vorzug gibt. Als Generalist, der keine ausgeprägte vertiefte Kenntnis in einem dezidierten Fachgebiet hat oder keine ununterbrochene Berufserfahrung auf einem Gebiet vorweisen kann, hat man hier erst mal einen schwierigen Stand und begreift sich und seine Erfahrungen, Fähigkeiten und Kenntnisse in der Folge als defizitär bzw. ungenügend. Dies kann dazu führen, dass die Führungskräfte ihre vielen Talente und Meta-Kompetenzen sowie deren Nutzen nicht sehen und wie diese ihre Führungsrolle bereichern können.

Ein erfahrener Business Coach mit Kenntnis der Zielgruppe ist in der Lage, durch gezielte Gesprächsführung, Tests und Interventionen gemeinsam mit der Führungskraft seine vielfältigen Talente und Leidenschaften zu heben und zu fördern. Im Business Coaching analysieren Coach und Führungskraft dafür gemeinsam das individuelle vielfältige Potenzial des Managers und arbeiten daran, wie diese vielen Stärken bzw. Talente und Fähigkeiten in der Führungsposition am besten genutzt werden können, zum Beispiel durch Erarbeiten klarer Ziele, Feedback, spezifische Strategien oder durch Förderung von Selbstreflexion und Selbstbewusstsein bei der Führungskraft (London, 2001, S. 27 ff.). Durch Business Coaching verstehen Führungskräfte besser, Stärken tatsächlich als Stärken wahrzunehmen und wertzuschätzen (vgl. MacKie, 2014; Toogood, 2012) und wie ihre Stärken in bestimmten Situationen am besten eingesetzt werden können.

Um Stärken effektiv in der Führungsrolle einzusetzen, können beispielsweise Aufgaben und Verantwortlichkeiten neu definiert oder verteilt oder der eigene Führungsstil angepasst werden. Ein vielseitiger Manager hat beispielsweise eine tiefe Leidenschaft für datengesteuerte Entscheidungsfindung, die in seiner aktuellen Rolle jedoch nicht ausreichend genutzt wird. Ein Coach kann ihm helfen, diese Leidenschaft zu erkennen, und mit ihm erarbeiten, wie er seine Rolle neu gestalten kann, um seine analytischen Fähigkeiten voll einzubringen. Oder nehmen wir an, eine Führungskraft zeigt Potenzial im Bereich Mitarbeitermotivation, hat aber Schwierigkeiten, diese Fähigkeit in ihrer Führungsrolle umzusetzen. Ein Business Coach kann sie dabei unterstützen und ermutigen, spezifische Maßnahmen zur Weiterentwicklung der Fähigkeit zu ergreifen und den eigenen Führungsstil oder das Arbeitsumfeld so anzupassen, dass mehr von dieser Stärke zum Tragen kommt.

Im Kasten finden Sie eine Coaching-Intervention zur Identifikation und Nutzbarmachung von Stärken, die Sie als Führungskraft direkt anwenden können oder als Business Coach mit Ihren Klient:innen.

In die Praxis – Coaching-Übung zur Identifizierung und Nutzbarmachung von Stärken

Diese Übung hilft Ihnen zum einen dabei, Ihre individuellen Stärken zu erkennen, und zum anderen, sie weiterzuentwickeln und aktiv in Ihrer Führungsrolle zu nutzen.

1) Selbstreflexion ist der erste Schritt auf Ihrem Weg zur Stärkenidentifikation. Nehmen Sie sich einige ruhige Momente, um über Ihre bisherigen beruflichen Erfahrungen und Erfolge nachzudenken – ich empfehle, dies schriftlich zu tun und in ganzen Sätzen auf die folgenden Fragen zu antworten:
   - Welche Aufgaben oder Projekte haben Ihnen bisher besonders viel Freude gemacht?
   - Bei welchen Herausforderungen und Aufgaben konnten Sie Ihre Fähigkeiten am besten einsetzen?
   - Welche Erfolge oder Anerkennungen haben Sie in Ihrer Karriere erhalten?
   - Gibt es bestimmte Tätigkeiten, bei denen Sie sich besonders kompetent und selbstsicher fühlen?
2) Im zweiten Schritt bitten Sie Kollegen, Mitarbeiter und Vorgesetzte sowie Ihren Coach um deren Perspektive. Fragen Sie sie, welche Stärken und Fähigkeiten sie in Ihnen erkennen. Oftmals haben andere Menschen eine klarere Sicht auf Ihre Stärken.

3) Selbstbewertungstests und Persönlichkeitstools können ebenfalls wertvolle Einsichten bieten. Nutzen Sie bewährte Instrumente wie den Clifton StrengthsFinder (Asplund et al., 2007) oder den Myers-Briggs-Typenindikator (Lorenz & Oppitz, 2006; The Myers-Briggs Company, 2024), um Ihre eigenen Stärken besser zu verstehen.

4) Nachdem Sie diese Schritte abgeschlossen haben, erstellen Sie im nächsten Schritt eine umfassende Liste Ihrer identifizierten Stärken. Es ist dabei wichtig, dass diese Liste so komplett wie möglich ist.

5) Jetzt ist es an der Zeit, Ihre Stärken zu priorisieren und die Verbindung zu Ihrer Führungsrolle zu ziehen. Fragen Sie sich:

- Welche Ihrer Stärken sind besonders relevant für Ihre aktuellen beruflichen Ziele und Herausforderungen?
- Welche Ihrer Stärken sind Ihnen besonders wichtig und würden Sie gerne mehr in Ihrer Führungsrolle einsetzen?

6) Basierend auf Ihrer Stärkenliste und den Prioritäten erstellen Sie im letzten Schritt einen Entwicklungsplan. Dieser Plan sollte konkrete Maßnahmen enthalten, wie Sie Ihre Stärken weiterentwickeln und in Ihrer Führungsrolle effektiver einsetzen können.

Ein Business Coach ist während des gesamten Prozesses hilfreich und kann Sie durch gezielte Fragen und Strukturgebung unterstützen. Vor allem beim ersten sowie bei den letzten beiden Schritten ist der Austausch mit einem Coach zu empfehlen.

Durch die gezielte Stärkenentwicklung werden vielseitige Führungskräfte in die Lage versetzt, von einem Defizitdenken hin zu einem Kompetenzdenken zu kommen und ihre Führungsrolle effektiver und mit neuer Motivation zu gestalten. Dies führt nicht nur zu mehr persönlicher Erfüllung, sondern kann auch dazu beitragen, das gesamte Team und Unternehmen auf ein höheres Leistungs- und/oder Motivationsniveau zu heben.

3.3 Bedürfnisse und Bedarfe vielseitiger Manager

Wenn es darum geht, eine Führungsposition adäquat zu besetzen bzw. gemäß der individuellen Persönlichkeit zielführend auszugestalten, sind neben Stärken auch die Bedürfnisse ein wichtiges Kriterium, das es zu beachten gilt. Bleiben Bedürf-

nisse unbeachtet – vonseiten der Unternehmensleitung, der Vorgesetzten, aber auch
von der Führungskraft selbst, ihren Mitarbeitern oder externen Stakeholdern –, können sich die Führungskräfte nicht ihrer Natur gemäß entfalten und bleiben dadurch
hinter ihren Möglichkeiten zurück, werden unzufrieden bis hin zu eingeschränkter
Leistungsbereitschaft und Leistung.

Zu den Bedarfen multitalentierter Manager gehört beispielsweise, dass sie in
ihrer Führungsposition genügend Freiraum haben, um Verantwortung zu tragen,
größere Sinnzusammenhänge herzustellen, innovativ zu denken, unabhängig und
selbstgesteuert zu agieren sowie individuelle Ansätze und Lösungen zu generieren.
Außerdem benötigen Führungskräfte mit Scanner-Persönlichkeit ein Individualität
tolerierendes oder bestenfalls förderndes Umfeld, die Möglichkeit zu Veränderung
oder Veränderung initiieren zu können und ein großes Maß an Abwechslung in
ihren Tätigkeiten und/oder beruflichem Umfeld.

**In die Praxis – Die eigenen Bedürfnisse erkennen und seiner
Führungsrolle zugrunde legen**
Um als vielseitige Führungskraft motiviert, erfolgreich und zufrieden zu sein,
ist es nicht nur wichtig, stärkenorientiert, sondern auch bedürfnisgemäß zu
handeln. Eine Möglichkeit, die eigenen Bedürfnisse zu erkennen und seine
Führungsrolle mehr gemäß seiner Bedürfnisse zu gestalten, ist die folgende
Reflexionsübung, für die Sie für ca. 30–45 min. ungestört sein sollten. Legen
Sie los, indem Sie sich fragen:

1. **Welche Aufgaben und Verantwortlichkeiten in meiner Führungsrolle
   erfüllen mich und geben mir Energie?**
   Dies sind die Aspekte Ihrer Arbeit, bei denen Sie in Ihrem Element sind und
   sich voll und ganz entfalten können. Identifizieren Sie die Aufgaben, die
   Ihnen Freude bereiten und in denen Sie Ihre Stärken und Talente optimal
   einsetzen können. (Hier können Sie auf Ihre Antworten aus der vorherigen
   Übung zurückgreifen.)
   Fragen Sie sich anschließend: Welche meiner Bedürfnisse werden durch
   diese Aufgaben gestillt? Dies können beispielsweise Bedürfnisse sein wie
   analytisches Denken, vertieftes Arbeiten, Konzipieren, Ruhe, Austausch
   mit anderen, Abwechslung, Kreativität, Ideen entwickeln, …

2. **Welche Tätigkeiten fühlen sich mühsam oder unangenehm an?**
Dies sind die Bereiche, in denen Sie gegen Ihre Bedürfnisse arbeiten müssen. Tragen Sie zusammen, welche Aufgaben Sie belasten und welche vielleicht Ihre Energie rauben.

Fragen Sie sich anschließend: Was genau ist es an diesen Tätigkeiten, das mich belastet? Identifizieren Sie über diese Frage Ihre Bedürfnisse, die bei diesen Tätigkeiten zu kurz kommen. Dies kann zum Beispiel das Bedürfnis sein, Neues zu lernen, welches in Ihrer aktuellen Tätigkeit zu kurz kommt, weil Sie Ihnen nicht viel Neues bietet. Oder Sie machen eine Tätigkeit, die reine Routine ist, wobei Ihr Bedürfnis nach Abwechslung zu kurz kommt.

3. **Wenn ich frei entscheiden könnte, wie würde ich mir meine Führungsrolle umgestalten?**
Diese Frage führt Sie auf die grüne Wiese: Malen Sie sich Ihre Führungsrolle neu aus, alles ist erlaubt. Streichen Sie Unangenehmes, weiten Sie Erfüllendes aus, fügen Sie interessantes Neues hinzu. Was sagen Ihre Antworten über Ihre Bedürfnisse aus?

Zusätzlich zu diesen Reflexionsfragen können Sie einen Persönlichkeitstest machen, um über Ihren Persönlichkeitstyp herauszufinden, welche spezifischen Bedürfnisse Sie haben. In meinem Tausendsassa-Test (https://TausendsassaCoach.de/test) erfahren Sie, ob Sie eine Scanner-Persönlichkeit sind, was Sie als vielseitige Persönlichkeit besonders auszeichnet und welche Bedarfe und Bedürfnisse Sie aufgrund Ihrer Scanner-Persönlichkeit haben.

4. **Abschließende Betrachtung**
Überlegen Sie nun abschließend, wie Ihre Führungsrolle konkret gestaltet sein müsste, um Ihre Bedürfnisse besonders gut zu bedienen. Was müsste beibehalten werden? Was müsste sich ändern? Wie können Sie das realisieren?

Diese Reflexionsübung ist für Führungskräfte besonders wichtig, da sie es gemeinhin gewohnt sind, auf ihre Stärken zu achten, aber die eigenen Bedürfnisse außer Acht zu lassen. Um erfolgreich die Karriereleiter emporzuklettern, haben sie es womöglich sogar gelernt, die eigenen Bedürfnisse zu missachten. Mit dieser Übung kommen Sie wieder mehr mit dem in Berührung, was Sie als Mensch brauchen.

Ein auf vielseitige Führungskräfte spezialisierter Coach weiß um diese besonderen Bedürfnisse multitalentierter Manager und hilft dadurch der Führungskraft, ihre Rolle entsprechend zu gestalten und Maßnahmen zu ergreifen, um das Umfeld ihren Bedürfnissen gemäß anzupassen. Dies kann beispielsweise ein Gespräch mit der/dem Vorgesetzten sein, welches zu einer überarbeiteten Rollenbeschreibung und dadurch zu mehr Freiräumen führt.

3.4 Empfehlungen zum kontinuierlichen Ausbau der Stärkenorientierung

Eine stärkenorientierte Führung ermöglicht es einem vielseitigen Manager mit Tausendsassa-Persönlichkeit, seine Potenziale besser auszuschöpfen, seine Schwächen auszugleichen und gleichzeitig die Stärken der Mitarbeitenden zu fördern, was zu einer besseren Teamdynamik, gesteigerter Innovationskraft und höheren Teamleistung führt. Darüber hinaus ist es wünschenswert, eine stärkenbasierte Führungskultur zu schaffen (Burkus, 2011). Dies bedeutet, die individuellen Stärken der Teammitglieder zu erkennen und gezielt in den Mittelpunkt zu stellen sowie diese zu fördern. Statt Schwächen zu beheben, liegt der Fokus darauf, die vorhandenen Talente und Fähigkeiten weiterzuentwickeln und optimal für die jeweiligen Aufgaben einzusetzen, was zu einer höheren Mitarbeiterzufriedenheit und Produktivität führen kann.

Um die Stärken in der Führungsrolle effektiv auszubauen und eine stärkenorientierte Kultur in Teams und Organisationen zu fördern, bieten sich verschiedene Möglichkeiten an. Wenn eine Führungskraft die eigenen Stärken und Stärkenentwicklung kontinuierlich in den beruflichen Alltag integrieren möchte, ist es empfehlenswert, sich stärkenorientierte Ziele zu setzen sowie Ziele zur bedürfnisorientierten Gestaltung der Führungsrolle inklusive konkreter Schritte zur Umsetzung dieser Ziele. Dies ist besonders vielversprechend, wenn die Ziele mit einer regelmäßigen Selbstreflexionsroutine kombiniert werden, in der abgeglichen wird, inwiefern die aktuellen Aufgaben und Rahmenbedingungen noch zu den Stärken und Bedürfnissen der Führungskraft passen. Auch der Austausch darüber in formeller oder informeller Runde mit Kollegen, insbesondere mit anderen Führungskräften, kann die Stärkenorientierung der Führungskraft nachhaltig verbessern.

Eine weitere hilfreiche Strategie ist, die Mitarbeitenden bewusst so auszuwählen, dass sie die eigenen Schwächen kompensieren, sodass man selbst vor allem seine Stärken umsetzen kann: **„Früher habe ich gedacht, ich müsse mit viel Energie meine Schwächen ausmerzen. Heute kompensiere ich meine Schwächen, indem ich Mitarbeiter einsetze, die meine Schwächen ausgleichen. Zum Beispiel ist** meine Assistentin im Gegensatz zu mir sehr strukturiert. Ich kann dann meine eigenen Stärken ausleben, zum Beispiel Menschen entwickeln oder andere zu Höchstleistungen antreiben." (Frank M.)

Um die Entwicklung der Stärken der Mitarbeitenden und die Stärkenorientierung im Team zu unterstützen, können vielseitige Führungskräfte auch einen Austausch anregen, zum Beispiel in Form eines Workshops oder durch einen Experten angeleitet als Programmpunkt während einer Klausurtagung, bei dem jedes Teammitglied sich seiner individuellen Stärken bewusst wird und wie diese zum Teamerfolg sowie zu den Zielen des Unternehmens beitragen. Dies hat auch einen direkten Effekt auf die Zusammenarbeit und Innovation im Team.

Die Einrichtung und Ausrichtung eines internen Mentoring-Programms oder Job Shadowings, bei dem erfahrene Teammitglieder ihre Stärken an weniger erfahrene Mitarbeiter weitergeben, sind zusätzliche Möglichkeiten, um die Stärken im Team auszubauen und eine stärkenorientierte Kultur zu unterstützen. Dabei muss beachtet werden, dass es sich sowohl bei der Entwicklung von Stärken als auch beim Aufbau einer stärkenorientierten Team- und Unternehmenskultur um kontinuierliche Prozesse handelt, die ihre Zeit benötigen und bei denen daher nicht von heute auf morgen Ergebnisse zu erwarten sind, die sich in den Kennzahlen des Unternehmens widerspiegeln.

Literatur

Asplund, J., Lopez, S. J., Hodges, T., & Harter, J. (2007). *The Clifton StrengthsFinder 2.0 technical report: Development and validation.* Gallup Consulting.

Burkus, D. (2011). Building the strong organization: Exploring the role of organizational design in strengths-based leadership. *Journal of Strategic Leadership, 3*(1), 54–66.

London, M. (2001). *Leadership development: Paths to self-insight and professional growth.* Psychology Press.

Lorenz, T., & Oppitz, S. (2006). Myers-Briggs Typenindikator (MBTI): Profilierung durch Persönlichkeit. In W. Simon (Hrsg.), *Persönlichkeitsmodelle und Persönlichkeitstests* (S. 299–319). Gabal.

MacKie, D. (2014). The effectiveness of strength-based executive coaching in enhancing full range leadership development: A controlled study. *Consulting Psychology Journal: Practice and Research, 66*(2), 118–137.

Mubashar, T., & Harzer, C. (2023). It takes two to tango: Linking signature strengths use and organizational support for strengths use with organizational outcomes. *Journal of Occupational and Organizational Psychology, 96*(4), 897–918.

Rosen, D. (2024). Effective leadership: Start with your strengths. *Strategic HR Review, 23*(2), 59–64.

The Myers-Briggs Company. (2024). *MBTI – Der Myers-Briggs-Typenindikator|The Myers-Briggs Company.* https://eu.themyersbriggs.com/de-DE/tools/MBTI. Zugegriffen am 09.09.2024.

Toogood, K. (2012). Strengthening coaching: An exploration of the mindset of executive coaches using strengths-based coaching. *International Journal of Evidence Based Coaching and Mentoring, Special Issue, 6*, 72–87.

Wang, J., van Woerkom, M., Breevaart, K., Bakker, A. B., & Xu, S. (2023). Strengths-based leadership and employee work engagement: A multi-source study. *Journal of Vocational Behavior, 142*(103859), 1–13.

Moderne Führung für vielseitige Manager

4

In diesem Kapitel geht es darum, wie Manager mit Scanner-Persönlichkeit in der aktuellen dynamischen Geschäftswelt erfolgreich als Führungskraft handeln können. Dabei stehen vor allem konkrete Schritte im Mittelpunkt, die diese Personen unternehmen können, um nicht nur ihre bereits vorhandenen Potenziale voll auszuschöpfen, sondern auch ihre Fähigkeiten für die kontinuierliche Weiterentwicklung ihres Führungsstils zu nutzen und damit sich und ihr Team erfolgreich durch die Herausforderungen der modernen Geschäftswelt zu führen.

Anpassungsfähigkeit, Flexibilität, Agilität und Offenheit für alternative Sichtweisen sind dabei zentral. Es wird gezeigt, wie Coaching vielseitigen Führungskräften helfen kann, diese Fähigkeiten (weiter) zu entwickeln, und moderne Führungsstile sowie Techniken und Methoden vorgestellt, um innovativ zu führen, wodurch die vielseitigen Führungskräfte sowohl ihre Teams motivieren als auch einen wichtigen Beitrag zur Weiterentwicklung des Unternehmens leisten.

4.1 Anpassungsfähigkeit und Flexibilität verbessern

Von Führungskräften wird in der heutigen Geschäftswelt, die von häufigen Veränderungen und Unvorhersehbarkeiten geprägt ist (Jörg & Klink, 2019; Unkrig, 2020, S. 6 f.), eine höhere Geschwindigkeit, mehr Agilität und Risikobereitschaft, ein souveräner Umgang mit Komplexität und eine höhere Ambiguitätstoleranz verlangt (Rolfe, 2019, S. 160). Dafür ist es wichtig, dass moderne Führungskräfte anpassungsfähig und flexibel sowie resilient (vgl. Kap. 7) sind (Jörg & Klink, 2019, S. 965; Lenz, 2019, S. 50; Unkrig, 2020, S. 26).

S. Gierhan, *Führungskräfte-Coaching für vielseitige Manager*,
https://doi.org/10.1007/978-3-658-47220-7_4

Anpassungsfähigkeit bedeutet dabei, sich auf verschiedene Gegebenheiten, Anforderungen und Umstände einstellen zu können. Jede Führungskraft sollte in der Lage sein, ihre Herangehensweise und Strategie an spezifische Situationen und Personen anzupassen (Rosenstiel et al., 2014, S. 1). Ob es sich um die Einführung eines neuen Projekts, die Bewältigung einer Krise oder die Führung eines diversen Teams handelt – Anpassungsfähigkeit ermöglicht es, angemessen zu reagieren.

Flexibilität bezieht sich auf die Fähigkeit, verschiedene Herangehensweisen und Lösungen in Betracht zu ziehen und sich nicht starr an eine einzige Methode zu klammern. Dies erlaubt es Führungskräften, kreativ und innovativ zu sein, wenn es darum geht, Herausforderungen zu meistern.

Vielseitige Führungskräfte zeichnen sich bereits durch eine gewisse Grundanpassungsfähigkeit und Flexibilität aus. Ihre breit gefächerten Interessen und Talente haben sie gezwungen, sich in verschiedenen Kontexten und Rollen zurechtzufinden. Dies hat dazu geführt, dass sie natürlicherweise offener für Veränderungen und unterschiedliche Sichtweisen sind als andere Führungskräfte. Daniel M.: „Es **ist schon sehr erstaunlich, wie kreativ man ist, manchmal ohne es zu merken. Ich habe bereits sehr viele Lösungsansätze in meinem Repertoire. Das macht mich flexibel in der Reaktion auf Herausforderungen und beruhigt mich.“**

Trotz dieser natürlichen Anlagen können vielseitige Manager von der Weiterentwicklung ihrer Anpassungsfähigkeit und Flexibilität profitieren, denn während sie bereits vielfältige Herangehensweisen und Denkweisen nutzen, kann gezieltes Coaching ihnen dabei helfen, diese Qualitäten bewusst zu steuern und in spezifischen beruflichen Situationen effektiver einzusetzen. Die Entwicklung einer bewussten Anpassungsfähigkeit ermöglicht es, noch gezielter auf die jeweiligen Erfordernisse eines Teams oder Projekts einzugehen; die Steigerung der Flexibilität begünstigt, noch innovativer zu sein.

4.2   Wie Coaching die Agilität vielseitiger Führungskräfte fördert

Coaching spielt eine entscheidende Rolle bei der Förderung der Agilität vielseitiger Führungskräfte (Braak & Elle, 2019; Kaltenecker, 2017). Agilität meint dabei die Fähigkeit, sich rasch und effektiv an wechselnde Anforderungen und Situationen anzupassen. Vielseitige Manager können von dieser Fähigkeit in hohem Maße profitieren, da sie oft mit komplexen und vielfältigen Herausforderungen konfrontiert sind.

Im Coaching-Prozess werden gezielte Übungen und Fragestellungen eingesetzt, um vielseitigen Führungskräften zu helfen, ihre Denkmuster zu hinterfragen und alternative Sichtweisen zu entwickeln (vgl. König & Volmer, 2019, S. 91 ff.; Riedel, 2003, S. 1–6; Schreyögg, 2012, S. 200 ff.). Dies fördert die Agilität der Manager, da sie dadurch flexibler und rascher auf neue Situationen und unerwartete Probleme reagieren können. Sie lernen, schneller und effektiver Lösungen zu entwickeln und ihre Entscheidungsfindung zu beschleunigen. Ein Aspekt, der gerade für vielseitige Führungskräfte mit Scanner-Persönlichkeit wichtig ist (vgl. Kap. 1). Die Klienten werden im Coaching zudem ermutigt, aus ihrer Komfortzone auszubrechen und neue Herangehensweisen bereits auszuprobieren (vgl. Schreyögg, 2012, S. 223). Auch dies stärkt ihre Fähigkeit, sich an Veränderungen anzupassen und sie als Chancen anstatt als Bedrohungen zu betrachten, sprich ihre Resilienz (vgl. auch ausführlich Kap. 7).

Coaching-Interventionen, die darauf abzielen, dass Führungskräfte ihre Komfortzone verlassen, ihre Denkmuster hinterfragen, alternative Sichtweisen und Herangehensweisen ausprobieren und damit auch ihre Agilität steigern, sind beispielsweise:

- **Annahmen und Überzeugungen aufdecken**: Der Coach kann Führungskräften helfen, ihre Annahmen und Überzeugungen zu überprüfen und ggf. zu modifizieren (siehe Kasten). Indem sie sich bewusst werden, dass sie bestimmte Annahmen treffen, können sie offener für alternative Sichtweisen werden.
- **Perspektivwechsel**: Durch zirkuläre Fragen (zum Beispiel: „Was würde Ihr Mitarbeiter über diesen Konflikt sagen?") werden Führungskräfte im Coaching ermutigt, verschiedene Perspektiven auf ein Problem oder eine Situation einzunehmen (Fischer-Epe, 2015, S. 62–64). Dies trägt dazu bei, dass die Manager ihren Annahmen-Raum erweitern, die eigenen Denkmuster und Erklärungssysteme hinterfragen und dadurch alternative Lösungsansätze entwickeln.
- **Rollenwechsel**: In dieser Intervention schlüpfen Führungskräfte aktiv in die Rollen ihrer Mitarbeiter oder anderer Teammitglieder, um deren Perspektive besser zu verstehen. Dies fördert Empathie und ermöglicht es, neue Sichtweisen zu generieren.
- **Szenarioplanung**: In dieser Übung werden verschiedene Szenarien und Notfallpläne für mögliche zukünftige Entwicklungen oder Herausforderungen detailliert ausgearbeitet (vgl. Kap. 11). Die Führungskraft entwickelt für jedes Szenario Strategien und Maßnahmen, um im Falle des Eintretens agil auf die Situationen reagieren zu können. Dies schafft ein Gefühl der Vorbereitung und fördert die Agilität, da die Führungskraft bereits über mögliche Handlungsschritte nachgedacht hat.
- **Simulationen**: Coach und Führungskraft können gemeinsam realitätsnahe Szenarien simulieren, in denen die Führungskraft neue Handlungsweisen und Strategien konkret ausprobiert. Dies bietet die Möglichkeit, in einem geschützten Raum neue Ansätze und Denkweisen zu testen.
- **Resilienztraining**: Coaching kann Führungskräften auch mittels Übungen zur Steigerung der Resilienz helfen, ihre Widerstandsfähigkeit gegenüber Veränderungen zu erhöhen, flexiblere Denkmuster zu entwickeln und damit agiler zu werden (vgl. Kap. 7).

Diese Coaching-Techniken und -Übungen helfen vielseitigen Managern, sich an neue Anforderungen anzupassen. Sie fördern Agilität, Reaktionsfähigkeit und Flexibilität, um Veränderungen erfolgreich zu bewältigen, mit steigenden Ambivalenzen umzugehen und in verschiedenen Situationen effektiv und rasch zu agieren. Lenz (2019, S. 61) schlägt darüber hinaus die Einbindung des Teams sowie weiterer unternehmensin- und -externer Stakeholder in das Führungskräfte-Coaching vor, um im Einzelcoaching erlernte neue Verhaltensweisen direkt zu erproben.

Annahmen hinterfragen: Eine Schritt-für-Schritt-Anleitung
Wenn Sie offen für alternative Sichtweisen werden wollen, müssen Sie zunächst lernen, Ihre eigenen Annahmen und Überzeugungen zu sehen und zu hinterfragen. Dies können Glaubenssätze sein, die Sie über Führung, Teamarbeit oder den Arbeitsplatz im Allgemeinen haben, oder Überzeugungen über sich selbst und adäquates Handeln, die Sie in Ihrer Kindheit aufgesogen haben oder in der Gesellschaft tradiert sind („Man macht es so." „Das gehört sich so." „Du bist nur etwas wert, wenn du …" „Der frühe Vogel …" usw.).

1. **Bewusstsein schaffen:** Um die eigenen Annahmen und Überzeugungen zu modifizieren, beginnen Sie damit, mehr Bewusstheit zu schaffen und die Aufmerksamkeit auf Ihre Annahmen zu richten. Dieser Schritt erfordert ein ehrliches Nachdenken über Ihr eigenes Denken und Handeln. Dies können Sie mit folgenden Möglichkeiten realisieren:
   - **Journaling:** Erstellen Sie eine Art Tagebuch, ein „Journal", in dem Sie Ihre Gedanken und Beobachtungen festhalten. Schreiben Sie auf, welche Situationen oder Herausforderungen Ihnen in Ihrem beruflichen Alltag begegnen und wie Sie darauf normalerweise reagieren. Identifizieren Sie Muster und Wiederholungen in Ihrem Denken und Handeln.
   - **Selbstreflexion:** Nehmen Sie sich bewusste Pausen, um über Ihre Arbeit und Ihre Interaktionen mit Ihrem Team nachzudenken. Fragen Sie sich, warum Sie in bestimmten Situationen so gehandelt haben, wie Sie es getan haben, und was Ihre tief verwurzelten Überzeugungen dazu beigetragen haben.
   - **Feedback einholen:** Bitten Sie Mitarbeiter, Kollegen, Vorgesetzte oder Mentoren um Feedback. Fragen Sie sie nach ihren Beobachtungen und Meinungen über Ihren Führungsstil und Ihre Überzeugungen. Externes (ehrliches!) Feedback kann Ihnen oft neue Perspektiven eröffnen. Dazu ist allerdings ein Raum des Vertrauens nötig, in dem sich der Feedbackgeber offen (oder anonym) äußern kann, ohne Sanktionen fürchten zu müssen.

- **Coaching:** Wenn möglich, arbeiten Sie mit einem qualifizierten Coach zusammen, der Sie in Selbstreflexion und Bewusstseinsbildung unterstützt. Ein Coach kann gezielte Fragen stellen, um Ihnen zu helfen, Ihre Annahmen aufzudecken und zu verstehen.
  Die Idee hinter diesem Schritt ist es, einen Einblick in die Annahmen und Überzeugungen zu gewinnen, die Ihr Führungsverhalten beeinflussen – die Grundlage für die nachfolgenden Schritte, bei denen Sie diese Annahmen gezielt hinterfragen und anpassen können.

2. **Annahmen identifizieren:** Nachdem Sie Ihr Bewusstsein geschärft haben, gehen Sie dazu über, Ihre spezifischen Annahmen und Überzeugungen zu identifizieren. Dies kann durch die Untersuchung wiederkehrender Denkmuster und Glaubenssätze geschehen. Fragen, die Sie sich stellen können, sind:

   - Welche Überzeugungen leiten meine Entscheidungen und mein Verhalten als Führungskraft?
   - Welche Muster und Gewohnheiten sind mir in meinem Führungsstil aufgefallen?

   In diesem Schritt geht es darum, Ihre Annahmen zu konkretisieren und sie schriftlich festzuhalten.

3. **Annahmen hinterfragen:** Sobald Sie Ihre Annahmen identifiziert haben, ist der nächste Schritt, sie kritisch zu hinterfragen. Stellen Sie sich bei jeder Annahme oder Überzeugung die folgenden Fragen:

   - Ist meine Annahme oder Überzeugung objektiv wahr oder beruht sie auf Vorurteilen?
   - Kann ich wirklich sicher sein, dass meine Annahme oder Überzeugung wahr ist? Gibt es Gegenbeweise?
   - Wie hat diese Annahme oder Überzeugung in der Vergangenheit meine Entscheidungsfindung beeinflusst?

   Dieser Schritt erfordert Offenheit und die Bereitschaft, bestehende Überzeugungen in Frage zu stellen.

4. **Alternative Perspektiven einnehmen:** Betrachten Sie nun Ihre Annahmen und Überzeugungen aus verschiedenen Blickwinkeln, versuchen Sie also, in die Schuhe anderer Personen zu schlüpfen und deren Sicht-

weise einzunehmen und nachzuvollziehen. Dies können Sie durch angeleiteten Perspektivwechsel, Diskussionen mit Kollegen, Brainstorming-Sitzungen oder Kreativitätstechniken realisieren. Beispielsweise könnten Sie sich vorstellen, wie ein Mitarbeiter, ein Kunde oder ein Mitbewerber Ihre aktuelle Situation sieht (vgl. oben: Zirkuläre Fragen).

Die Fähigkeit, alternative Perspektiven einzunehmen, hilft dabei, Vorurteile zu überwinden und eine breitere Sicht auf die Dinge zu entwickeln. Dieser Schritt ist entscheidend, um neue Einsichten zu gewinnen.

5. **Experimentieren und lernen:** Sobald Sie alternative Annahmen und Überzeugungen in Betracht gezogen haben, ist es wichtig, sie in der Praxis auszuprobieren. Dies kann bedeuten, dass Sie neue Ansätze in Ihrer Führungsarbeit umsetzen, die auf Ihren überarbeiteten Annahmen basieren. Beginnen Sie mit kleinen Schritten, also bei Aufgaben oder Projekten mit geringer Relevanz. Während dieses Experimentierens ist es wichtig, darauf zu achten, wie sich die geänderten Überzeugungen auf die Interaktion mit Ihrem Team, die Entscheidungsfindung und die Zielerreichung auswirken.

Dieser Schritt sollte ein Lernprozess sein, bei dem Sie wertvolle Erkenntnisse gewinnen und Anpassungen vornehmen, um Ihre Führungsqualitäten zu verbessern.

6. **Kontinuierlich reflektieren:** Das Hinterfragen und Anpassen Ihrer Annahmen und Überzeugungen sollte ein kontinuierlicher Prozess sein. Nehmen Sie sich regelmäßig Zeit für Selbstreflexion und das Überprüfen Ihrer Überzeugungen. Fragen Sie sich, ob Ihre Annahmen immer noch relevant und richtig sind oder ob sich Ihre Perspektiven geändert haben. Denken Sie daran, dass sich Ihr berufliches Umfeld, die Dynamik in Ihrem Team und die Unternehmensziele im Laufe der Zeit ändern.

Kontinuierlich zu reflektieren, ermöglicht es Ihnen, rasch und flexibel auf Veränderungen zu reagieren und Ihren Führungsstil kontinuierlich zu verbessern.

Dieser Ansatz ermöglicht es Ihnen, Ihre Annahmen und Überzeugungen gezielt zu hinterfragen, offen für alternative Sichtweisen zu werden und letztlich flexiblere und wirksamere Führungsentscheidungen zu treffen.

4.3   Innovative Führungsqualitäten vielseitiger Manager

Innovative Führung ist wesentlich für den Erfolg und die langfristige Entwicklung von Unternehmen und vor allem in hochinnovativen Bereichen des Unternehmens sehr individuell (Kaudela-Baum et al., 2014, S. VIII). Was allen wichtigen innovativen Führungskräften der Geschichte jedoch gemein ist, ist, dass sie sehr talentiert und intelligent waren, sodass sie die richtigen Handlungsschritte erkennen und auf die richtige Art ausführen konnten (Şen & Eren, 2012, S. 7). Innovative Führungskräfte zeichnen sich darüber hinaus durch die Fähigkeiten aus, visionär zu denken, neue Ideen und Lösungen zu generieren und Veränderungen proaktiv zu gestalten (Şen & Eren, 2012).

Hier kommen Menschen mit Scanner-Persönlichkeit ins Spiel, die naturgemäß gegenüber Innovationen und neuen Ideen aufgeschlossen und begeisterungsfähig sind, die stets neue Ideen generieren und Veränderung gestalten wollen (vgl. Kap. 1). Darüber hinaus bringen sie die richtige soziale Einstellung für innovative Führung mit: **„Tausendsassa sind meiner Erfahrung nach sehr offen, neue Ideen zu hören und anderen Menschen den Raum zu geben, dass sie glänzen können. Sie müssen nicht immer für alles selbst die Lorbeeren ernten, sondern sind auch happy, wenn sie andere Leute blühen sehen; wenn sie sich dann, wenn jemand Erfolg hat, mitfreuen können, dass sie dabei waren. Den Mitarbeitenden Credit geben zu können für ihre Arbeit, ist gerade in der modernen Arbeitswelt ganz wichtig. Mitarbeitende wollen gesehen werden und Wertschätzung für das, was sie tun. Hier haben Tausendsassa einen klaren Startvorteil gegenüber vielen Führungskräften, die mal in Trainings gelernt haben, dass Anerkennung wichtig ist, und das dann aus Kalkül machen, aber nicht ernsthaft meinen. Denn Tausendsassa sind bei ihrer Wertschätzung authentisch. Weil sie neugierig sind, nachfragen und es schätzen, wenn jemand Expertenwissen hat und richtig gut in etwas ist und tief in ein Thema reingehen kann (was ihnen selbst manchmal abgeht).“** (Johannes J.)

Vielseitige Manager sind folglich prädestiniert für diese Art der Führung, da sie in der Regel überdurchschnittlich intelligent sind und über einen weiten Horizont, die Meta-Fähigkeit zur Mustererkennung und eine breite Palette von Fähigkeiten, Erfahrungen und Kenntnissen verfügen. Aufgrund ihres breiten Skillsets und ihrer Anpassungsfähigkeit sind sie mehr als andere Führungskräfte in der Lage, verschiedene Denkansätze zu kombinieren und damit innovative Ideen zu entwickeln und auf sich ändernde Marktanforderungen und Kundenbedürfnisse zu reagieren.

Benjamin L.: **„Wir Führungskräfte mit Scanner-Persönlichkeit hinterfragen per se erst mal das, was ist, weil wir viele Alternativideen zum Status quo haben. Man kann uns also einsetzen, um den Status quo zu überprüfen und neu zu definieren und so das Unternehmen innovativer zu machen.“**

Trotz ihrer natürlichen Anlagen sollten jedoch auch vielseitige Manager kontinuierlich an ihrer Führungsfähigkeit arbeiten – insbesondere an Führungskompetenzen in
den Bereichen Risikobereitschaft und Fehlertoleranz, Langfristplanung, Abstimmung
und Veränderungsmanagement –, um innovative Führung effektiv zu leben. Durch gezieltes Führungskräfte-Coaching, Schulungen oder Trainings können Führungskräfte
mit Tausendsassa-Persönlichkeit diese innovativen Führungskompetenzen (weiter-)
entwickeln und so maßgeblich zur Unternehmensentwicklung beitragen.

Konkrete Schritte und Ansätze, wie vielseitige Manager ihre innovative Führung
verbessern und in ihrem beruflichen Umfeld erfolgreich umsetzen können, sind:

- **Kreativitätstechniken lernen:** Vielseitige Manager können gezielte Techniken
  zur Problemlösung und Entwicklung von Ideen erlernen und in ihrem Team umsetzen, wie zum Beispiel Brainstorming mit seinen Erweiterungen (Wilson, 2013),
  Mind Mapping (Buzan, 1977), Design Thinking (Plattner et al., 2010) oder SCAM-
  PER (Serrat, 2017, S. 311–314). Dies ermöglicht es ihnen, innovative Ideen zu generieren, beispielsweise innerhalb regelmäßiger Brainstorming-Sitzungen, in
  denen Teammitglieder gemeinsam Ideen für neue Produkte entwickeln.
- **Experimentieren:** Innovative Manager sollten bereit sein, innovative Ideen zu
  erproben und mit ihnen zu experimentieren. Konkret kann dies heißen, beispielsweise zunächst eine Testphase für ein innovatives Produkt zu lancieren,
  um die Kundenreaktion zu überprüfen, bevor es vollständig auf den Markt gebracht wird. Dafür müssen die Führungskräfte die Fähigkeit besitzen oder entwickeln, Risiken einzugehen und aus Fehlern zu lernen.
- **Offen kommunizieren und Innovationskultur schaffen:** Um innovative
  Ideen zu entwickeln und umzusetzen, ist eine offene, transparente Kommunikation mit den Teammitgliedern unumgänglich. Führungskräfte sollten ein Umfeld und eine Kultur schaffen, in denen Innovation geschätzt und belohnt wird
  und Fehler erlaubt sind, sodass die Mitarbeiter ihre Ideen ohne Angst vor Kritik
  oder Zurückweisung teilen und diskutieren.
- **Strategisch denken:** Innovative Ideen müssen in die langfristige Unterneh-
  mensstrategie eingebettet werden, was eine sorgfältige Planung und Abstimmung durch die Führungskraft erfordert. Dies kann beispielsweise durch eine
  Innovations-Roadmap realisiert werden, in der die Umsetzung und Planung
  innovativer Ideen und ihre Verzahnung mit den Unternehmenszielen über einen
  Zeitraum von fünf Jahren skizziert ist.
- **Veränderung managen:** Innovative Führung bedeutet, Veränderung bewusst
  zu managen. Eine innovative Führungskraft führt regelmäßige Feedback-
  Sitzungen mit Mitarbeitern, Team-Kollegen, Vorgesetzten und der Unternehmensleitung durch, sammelt und verwendet Kennzahlen, um sicherzustellen,
  dass die Innovation auf dem richtigen Weg ist, und passt die Strategie entsprechend an, wenn dies erforderlich ist.

Wer diese Schritte und Ansätze beherzigt, ist auf dem besten Weg, innovativ zu führen und die Unternehmensentwicklung positiv zu beeinflussen. Ein gezielter Ausbau der innovativen Führungsqualitäten versetzt vielseitige Manager in die Lage, Wettbewerbsvorteile zu erzielen und das Wachstum ihres Unternehmens voranzutreiben.

4.4 Strategien zur Umsetzung moderner Führungsstile

Unterschiedliche Führungsstile zu beherrschen, ist für heutige Führungskräfte unerlässlich, um flexibel auf die sich ständig und schnell wandelnde Geschäftswelt sowie die Bedürfnisse der Teams und die Herausforderungen ihres Unternehmens einzugehen. In der Literatur werden diverse verschiedene Führungsstile unterschieden (vgl. z. B. Goleman, 2000). Transformationale Führung beispielsweise kann in Zeiten des Umbruchs wirksam sein, indem sie Inspiration und Vision fördert. Partizipative Führung hingegen kann in kreativen Arbeitsumgebungen effektiv sein, in denen die Teammitglieder aktiv in Entscheidungsprozesse einbezogen werden sollen.

Diverse verschiedene Führungsstile, um Teams und Organisationen zu leiten, können dabei als „modern" klassifiziert werden. Hierzu gehören beispielsweise neben der transformationalen und partizipativen Führung auch die kooperative Führung, die ermächtigende Führung, die dienende Führung, die geteilte Führung und weitere (siehe Kasten).

Moderne Führungsstile:
Nehmen wir an, Tanja ist eine vielseitige Führungskraft mit einer Scanner-Persönlichkeit und leitet ein Team in einem technologieorientierten Unternehmen. Je nach Situation setzt sie einen unterschiedlichen Führungsstil ein:

*   **Transformationale Führung (Transformational Leadership):** Transformationale Führung zeichnet sich durch die charismatische, inspirierende und motivierende Wirkung des Vorgesetzten auf die Mitarbeitenden aus (vgl. Rosenstiel 2014, S. 3–28). In einer Phase, in der das Unternehmen eine umfassende Neuausrichtung plant, nutzt Tanja transformationale Führung. Sie entwickelt eine inspirierende Vision für die Zukunft des Unternehmens und kommuniziert diese Vision mit Leidenschaft an ihr Team. Sie ermutigt die Mitarbeiter, sich aktiv an der Umsetzung dieser Vision zu beteiligen. Ihre motivierende Herangehensweise schafft ein starkes Teamengagement und einen klaren Fokus auf die gemeinsamen Ziele.
*   **Partizipative Führung (Participative Leadership):** Partizipative Führung beinhaltet die Einbeziehung der Mitarbeitenden in Entscheidungsprozesse und Problemlösungen. Tanja hat erkannt, dass innovative Ideen und kreative Lösungen von großer Bedeutung für ihr Unternehmen sind. Nicht nur in regelmäßigen Meetings und Brainstorming-Sessions, sondern auch darüber hinaus bezieht sie ihre Mitarbeiter aktiv in Entscheidungsprozesse ein und ermutigt sie, ihre Ideen und Vorschläge einzubringen. Diese partizipative Herangehensweise fördert die Kreativität und das Engagement ihres Teams.

- **Kooperative Führung (Collaborative Leadership)**: Kooperative Führung ist der partizipativen Führung ähnlich, jedoch liegt die finale Entscheidung bei der Führungskraft. Tanja regt in ihrem Team eine offene Kommunikation und Diskussion an, um ihrem Team zu vermitteln, dass ihre Einschätzung von Bedeutung ist. Damit der Prozess allerdings nicht zu langwierig ist, fällt Tanja letztlich die Entscheidung. Der kooperative Stil ermöglicht Eigeninitiative und zeigt Wertschätzung, wobei zugleich zeiteffizient gearbeitet wird.
- **Ermächtigende Führung (Empowering Leadership)**: Ermächtigende Führung zielt darauf ab, die Selbstverantwortung, Selbstwirksamkeit und die Fähigkeiten der Mitarbeitenden zu stärken. Tanja überträgt als Führungskraft nicht nur Aufgaben, sondern gibt ihren Mitarbeitenden auch die Autonomie, Vertrauen und die nötigen Ressourcen, um diese eigenständig zu erledigen. Sie ist dabei verbindlich sowie klar und kommuniziert ihre Werte, Ziele und Erwartungen. Dadurch fühlen sich Teammitglieder wertgeschätzt und sind motiviert, ihre Aufgaben mit Sorgfalt zu erfüllen. Im Gegensatz zur partizipativen und kooperativen Führung treffen Mitarbeitende Entscheidungen selbstständig und tragen die Verantwortung dafür, während die Führungskraft sie unterstützt, aber nicht direkt eingreift.
- **Dienende Führung (Servant Leadership)**: Dienende Führung basiert auf dem Prinzip, dass der Vorgesetzte seinen Mitarbeitern dient und deren Bedürfnisse, Interessen und Entwicklung in den Vordergrund stellt. Wenn Tanja merkt, dass einzelne Teammitglieder Unterstützung benötigen, wendet sie dienende Führung an. Sie ist jederzeit für ihre Mitarbeiter ansprechbar und fragt regelmäßig nach ihren Bedürfnissen und Entwicklungsinteressen. Tanja passt ihre Führung an die individuellen Anforderungen und Stärken ihrer Teammitglieder an, um sicherzustellen, dass sie bestmöglich unterstützt werden. Diese dienende Haltung stärkt das Vertrauen und die Zufriedenheit im Team.
- **Geteilte Führung (Shared Leadership)**: Geteilte Führung basiert darauf, dass Führungsrollen und Verantwortlichkeiten innerhalb des Teams dynamisch aufgeteilt werden. Statt eine hierarchische Struktur zu haben, bei der nur eine Person führt, teilen mehrere Teammitglieder die Führungsaufgaben und unterstützen sich gegenseitig. Je nach Aufgabe, Kontext und Situation führt nicht nur Tanja, sondern übernehmen auch andere Teammitglieder Führung. Diese Aufteilung der Führungsaufgaben steigert die Eigenverantwortung und Flexibilität im Team.

Es ist wichtig, dass eine Führungskraft in Bezug auf ihren Führungsstil flexibel ist und mehrere beherrscht (Goleman, 2000, S. 87), da neue Technologien, Marktdynamiken und die Erwartungen der fluktuierenden Mitarbeiter eine flexible Herangehensweise und Führung erfordern. Manager sollten daher stets bereit sein, ihre Führungsmethoden immer wieder zu hinterfragen und anzupassen, um den sich wandelnden Anforderungen gerecht zu werden. Außerdem verlangen auch unterschiedliche Situationen und Mitarbeitende nach unterschiedlichen Führungsstilen. Jeder möchte anders geführt sein! (Siehe Eberhardt et al., 2019, S. 894 ff. für die präferierten Führungsstile unterschiedlicher Generationen.)

In der Praxis bedeutet dies, dass eine Führungskraft in der Lage sein sollte, sowohl situationsbezogen als auch proaktiv auf verschiedene Führungsstile zurückzugreifen. Es ist nicht nur wichtig, die verschiedenen Führungsstile zu kennen, sondern auch zu verstehen, wann und wie sie am effektivsten eingesetzt werden können, um den Teams und der Organisation zum Erfolg zu verhelfen, und ihre Anwendung zu beherrschen.

Auch multitalentierte Führungskräfte haben hier ein Entwicklungsfeld: Ihre natürliche Anpassungsfähigkeit und ihre hohe Empathiefähigkeit sind gute Voraussetzungen, um verschiedene Führungsstile effektiv umzusetzen und damit flexibel auf die Bedürfnisse ihres Teams, der Situation, der Organisation und der Geschäftswelt einzugehen. Dazu ist jedoch das Wissen um und die Beherrschung der unterschiedlichen modernen Führungsstile vonnöten. Zu schnell kann es passieren, dass Führungskräfte intuitiv handeln oder unbewusst führen aufgrund ihres hohen Work und Mental Loads, also der Fülle an Aufgaben, die zu bearbeiten sind, und die Fülle der Dinge, die gleichzeitig zu bedenken sind – ein Problem, das gerade vielseitige Führungskräfte haben. Während es durchaus hilfreich und nützlich sein kann, sich beim Führen der Intuition zu bedienen, ist rein intuitive oder unreflektierte Führung jedoch selten die beste (Dyer & Carothers, 2000; Sinclair & Ashkanasy, 2002).

Um sich verschiedene Führungsstile anzueignen und diese zu beherrschen, können Manager Schulungen absolvieren, die auf die Entwicklung der erforderlichen Fähigkeiten abzielen, und in einem Coaching lernen, wie sie individuell und konkret die verschiedenen Führungsstile in unterschiedlichen Situationen anwenden können, gerade, wenn sie merken, dass es an der ein oder anderen Stelle noch hapert oder zu Schwierigkeiten oder Konflikten kommt. In einem Führungskräfte-Coaching reflektieren Manager sich selbst und ihr Verhalten und analysieren kritisch, welcher Führungsstil in bestimmten Situationen am effektivsten ist und welcher zu unerwünschten Ergebnissen führt, um dann ihre Herangehensweise womöglich anzupassen. Dies erfordert eine gewisse Offenheit und den Willen zur persönlichen Entwicklung, den Scanner-Persönlichkeiten jedoch naturgemäß mitbringen.

Zusätzlich dazu ist es sinnvoll, sich regelmäßiges Feedback von seinen Teams einzuholen. Die Teammitglieder können wertvolle Einblicke in die Wirksamkeit des Führungsstils ihres Vorgesetzten geben. Indem Manager offen für Rückmeldungen sind, können sie ihren Führungsstil kontinuierlich anpassen und verbessern. Dies fördert auch ein offenes und konstruktives Arbeitsumfeld, in dem die Teammitglieder sich gehört und wertgeschätzt fühlen.

Letztlich sind die Anwendung und Beherrschung verschiedener Führungsstile erlernbare Fähigkeiten, die durch die richtige Ausbildung, individuelle Unterstützung, Feedback und die Offenheit zur Anpassung entwickelt werden können.

Literatur

Braak, J., & Elle, K. (2019). Leadership-Coaching in der VUCA-Welt. In J. Heller (Hrsg.), *Resilienz für die VUCA-Welt* (S. 69–83). Springer.

Buzan, T. (1977). *How to make the most of your mind*. Colt Books.

Dyer, K. M., & Carothers, J. (2000). *The intuitive principal: A guide to leadership*. Corwin Press.

Eberhardt, D., Neumann, S., & Streuli, E. (2019). Diversität – Führung von Menschen mit unterschiedlichem Hintergrund. In E. Lippmann, A. Pfister, & U. Jörg (Hrsg.), *Handbuch Angewandte Psychologie für Führungskräfte* (S. 885–909). Springer.

Fischer-Epe, M. (2015). *Coaching: Miteinander Ziele erreichen.* Rowohlt.

Goleman, D. (2000). Leadership that gets results. *Harvard Business Review, März–April,* 78–90.

Jörg, U., & Klink, T. (2019). Neue Formen der Führung. In E. Lippmann, A. Pfister, & U. Jörg (Hrsg.), *Handbuch Angewandte Psychologie für Führungskräfte* (S. 963–999). Springer.

Kaltenecker, S. (2017). *Selbstorganisierte Unternehmen Management und Coaching in der agilen Welt.* dpunkt.

Kaudela-Baum, S., Holzer, J., & Kocher, P.-Y. (2014). *Innovation Leadership: Führung zwischen Freiheit und Norm.* Springer.

König, E., & Volmer, G. (2019). *Handbuch Systemisches Coaching: Für Coaches und Führungskräfte, Berater und Trainer.* Beltz.

Lenz, U. (2019). Coaching im Kontext der VUCA-Welt: Der Umbruch steht bevor. In J. Heller (Hrsg.), *Resilienz für die VUCA-Welt* (S. 49–68). Springer.

Plattner, H., Meinel, C., & Leifer, L. (Hrsg.). (2010). *Design thinking: Understand – improve – apply.* Springer.

Riedel, J. (2003). *Coaching für Führungskräfte.* Deutscher Universitätsverlag.

Rolfe, M. (2019). Resilienzfördernde Führung: Orientieren und vertrauen, energetisieren und kommunizieren. In M. Rolfe (Hrsg.), *Positive Psychologie und organisationale Resilienz* (S. 159–198). Springer.

Rosenstiel, L. (2014). Grundlagen der Führung. In L. Rosenstiel, E. Regnet, & M. E. Domsch, (Hrsg.), *Führung von Mitarbeitern: Handbuch für erfolgreiches Personalmanagement* (S. 3–28). Schäffer-Poeschel.

Rosenstiel, L., Regnet, E., & Domsch, M. E. (2014), *Führung von Mitarbeitern: Handbuch für erfolgreiches Personalmanagement.* Schäffer-Poeschel.

Schreyögg, A. (2012). *Coaching: Eine Einführung für Praxis und Ausbildung.* Campus.

Şen, A., & Eren, E. (2012). Innovative leadership for the twenty-first century. *Procedia – Social and Behavioral Sciences, 41,* 1–14.

Serrat, O. (2017). *Knowledge Solutions.* Springer.

Sinclair, M., & Ashkanasy, N. M. (2002). Intuitive decision-making among leaders: More than just shooting from the hip. *Mt Eliza Business Review, 5*(2), 32–40.

Unkrig, E. R. (2020). *Mandate der Führung 4.0: Agilität – Resilienz – Vitalität.* Springer Gabler.

Wilson, C. (2013). *Brainstorming and beyond: A user-centered design method.* Elsevier.

Mitarbeiterzufriedenheit und Führungskompetenz

5

Die Zufriedenheit der Mitarbeiter ist ein Eckpfeiler jeder erfolgreichen Organisation und Führungskräfte spielen hierbei eine entscheidende Rolle. Dieses Kapitel analysiert, wie Manager die Zufriedenheit und das Engagement ihrer Teams steigern können, inklusive praxiserprobter Ansätze speziell für vielseitige Manager.

Ein wichtiger Aspekt ist in diesem Zusammenhang der Umgang mit verschiedenen Arbeitsstilen. Ich werde Möglichkeiten zeigen, um unterschiedliche Vorgehensweisen zu erkennen, zu akzeptieren und wertzuschätzen sowie nutzbar zu machen. Ein weiterer Fokus des Kapitels liegt auf der Kunst des Delegierens, was gerade für vielbegabte Manager oft eine große Herausforderung darstellt, einschließlich klarer Verantwortung und Kommunikation, um eine vertrauensvolle Arbeitsumgebung zu schaffen.

Zudem wird in der Theorie und Praxis dargestellt, wie Führungskräfte-Coaching und Team-Coaching die Mitarbeiterzufriedenheit erhöhen sowie die Kommunikation und Konfliktlösung verbessern kann.

5.1 Mit diversen Arbeitsstilen zurechtkommen

Innerhalb eines Teams gibt es eine Vielfalt an Arbeitsstilen (Bayl-Smith & Griffin, 2015), mit der Führungskräfte konfrontiert sind. Während einige Teammitglieder möglicherweise präzise strukturierte und terminierte Arbeitsabläufe bevorzugen, ziehen es andere vor, ihre Aufgaben flexibel und situationsabhängig zu bewältigen.

Diese Vielfalt an Arbeitsstilen zu erkennen, anzuerkennen und bestenfalls nutzbar zu machen, ist eine der Herausforderungen, vor der nicht nur vielseitige Mana

S. Gierhan, *Führungskräfte-Coaching für vielseitige Manager*,
https://doi.org/10.1007/978-3-658-47220-7_5

ger stehen. Die Fähigkeit, flexibel auf unterschiedliche Arbeitsstile einzugehen und eine unterstützende Umgebung für diverse Herangehensweisen zu schaffen, ist jedoch wichtig für den Erfolg von Teams und Organisationen.

Es geht letztlich darum, eine Kultur zu schaffen, in der sich alle Mitarbeitenden unabhängig von ihrem Arbeitsstil akzeptiert und unterstützt fühlen und ein effektives Arbeiten zu aller Zufriedenheit möglich ist. Dazu gehört, dass das Unternehmen die Individualität anerkennt und für Arbeitsstrukturen und -prozesse sorgt, in denen die verschiedenen Arbeitsstile realisiert werden können.

Wie Sie Arbeitsstrukturen und -prozesse schaffen, die verschiedene Arbeitsstile erlauben

- **Individuelle Arbeitsplatzgestaltung:** Bieten Sie Ihren Mitarbeitenden flexible Arbeitsbedingungen an, die unterschiedliche Arbeitsstile ermöglichen, wie beispielsweise flexible Arbeitszeiten oder die Option für Remote-Arbeit, aber auch für einen eigenen festen Arbeitsplatz und transparente Zeiterfassung.
- **Klare Kommunikation:** Schaffen Sie klare Kommunikationsrichtlinien und -plattformen, die es den Mitarbeitenden erlauben, auf ihre bevorzugte Art zu kommunizieren – sei es per E-Mail, Chat, Messenger, Telefon oder im persönlichen Gespräch.
- **Situationsspezifischer Führungsstil:** Passen Sie Ihren Führungsstil an die Bedürfnisse der Mitarbeitenden an, indem Sie je nach Person und Situation verschiedene Herangehensweisen verwenden – zum Beispiel unterstützende, beratende oder partizipative Ansätze (vgl. Kap. 4).
- **Individuelle Anerkennung:** Zeigen Sie Wertschätzung für die unterschiedlichen Arbeitsstile, indem Sie die individuellen Stärken und Beiträge jedes Mitarbeitenden hervorheben und anerkennen.
- **Diversität im Team:** Stellen Sie Teams so zusammen, dass sie verschiedene Arbeitsstile und Perspektiven berücksichtigen, um Synergien zu schaffen und kreative Lösungsansätze zu entwickeln.
- **Klare Zielsetzungen und Erwartungen:** Stellen Sie klare Erwartungen und Ziele auf, damit Mitarbeitende ihre Arbeit organisieren und gute Ergebnisse liefern können – unabhängig von ihrem bevorzugten Arbeitsstil.
- **Flexibilität bei Zeitplänen und Arbeitsmethoden:** Ermöglichen Sie Ihren Mitarbeitenden, ihre eigenen Methoden zur Problemlösung und Arbeitsdurchführung zu wählen, solange sie die festgelegten Ziele erreichen.
- **Entwicklung von Selbstreflexion und -organisation:** Unterstützen Sie Ihre Mitarbeitenden bei der Entwicklung ihrer Selbstorganisation und Selbstreflexion, um ihre individuellen Arbeitsstile zu optimieren.

Diese Ansätze ermöglichen es Führungskräften, ein Arbeitsumfeld zu schaffen, das die Diversität von Arbeitsstilen sowohl respektiert als auch erlaubt und die Zusammenarbeit im Team fördert.

Aufgrund der facettenreichen Scanner-Persönlichkeit können sich vielseitige Manager gut in verschiedene Situationen einfühlen. Die Toleranz verschiedener Arbeitsstile ihrer Teammitglieder kann für sie dennoch eine Herausforderung sein, denn nur wenige Teammitglieder sind so schnell und vielseitig unterwegs wie sie selbst und vielseitigen Managern mit Scanner-Persönlichkeit fehlt hier oft die Geduld, andere Arbeitsstile zu akzeptieren: „**Ich kann als Scanner-Führungskraft nicht alle Impulse direkt ins Team geben, da diese Vorgehensweise meine Mitarbeitenden eventuell überfordert. Nicht jeder ist diese Schnelligkeit und Vielfalt gewohnt. Veränderungen brauchen Zeit und müssen die Bedürfnisse der einzelnen Menschen berücksichtigen.**" (Daniel M.)

Ich möchte multitalentierte Führungskräfte ermutigen, die Diversität an Arbeitsstilen als Chance zu betrachten und ihre Führungsfähigkeiten in diesem Bereich auszubauen. Sie können sich gut anpassen und sind deshalb mehrheitlich in der Lage, unterschiedliche Vorgehensweisen zu akzeptieren und diese wertzuschätzen. Auch wenn es anfangs herausfordernd erscheinen mag, schafft dies letztlich ein positives und produktives Team-Klima, in dem jeder seine Stärken einsetzen und seine beste Leistung erbringen kann.

5.2 Klar und mit gutem Gefühl delegieren

„**Es ist für mich eine Herausforderung, mich als Führungskraft nicht an allen Themen aktiv selbst zu beteiligen. Weil ich so viele Interessen habe, finde ich viele Themen attraktiv. Jedoch bin ich zwar an vielen Themen interessiert, aber nicht bei allen Themen der beste Ansprechpartner oder Experte. Natürlich stehe ich immer für Diskussionen und Kommunikation zur Verfügung, aber es braucht hier eine klare Verantwortung für die Themen. Diese liegt nicht immer bei mir. Und das darf auch so sein.**" (Daniel M.)

Zu delegieren und dies klar und mit gutem Gefühl zu tun, ist für vielseitige Führungskräfte extrem wichtig, damit sie sich nicht mit der Menge an Aufgaben überlasten und weil es oft bessere Personen für die Durchführung der Aufgabe gibt. Die Vielfalt ihrer eigenen Interessen und Fähigkeiten und ihre Schnelligkeit können dazu führen, dass sie sich in viele Themen involvieren möchten und schlecht abgeben können („Dann habe ich es schneller selbst gemacht und weiß, wie das Ergebnis wird."). Hier ist es für vielseitige Führungskräfte wichtig zu erkennen, dass sie nicht

in allen Bereichen gleichzeitig präsent sein können und sollten. Eine klare Delegation von Aufgaben samt Zuständigkeiten bzw. Verantwortlichkeiten ist unumgänglich für eine effektive Führung und bietet viele Vorteile (Baker & Murphy, 2022):

- Zu delegieren ermöglicht es Führungskräften, sich auf strategische Aufgaben zu
  konzentrieren und ihre Zeit und Energie dort einzusetzen, wo sie am meisten
  gebraucht werden und wo sie am effektivsten sind.
- Eine klar kommunizierte Delegation (siehe Kasten) trägt auch zu mehr
  Produktivität und besseren Leistungen bei, denn Führungskräfte, die gut delegieren, ermöglichen es dadurch dem Team, ihre Stärken einzubringen.
- Durch Delegation werden Teammitglieder zudem ermutigt, Verantwortung zu
  übernehmen und ihre Fähigkeiten weiterzuentwickeln, was wiederum das Engagement und die Motivation steigert.
- Teammitglieder fühlen sich in einer Umgebung, in der sie klare Anweisungen erhalten und die Möglichkeit haben, Fragen zu stellen, sicherer und unterstützter.
  Sie trauen sich in solch einer Atmosphäre des Vertrauens und der Offenheit, Ideen
  zu formulieren und gemeinsam Lösungen zu entwickeln, was letztlich zu innovativeren Ergebnissen, besseren Leistungen und einer positiven Arbeitskultur führt.

Johannes J. hat die Wichtigkeit und Vorteile einer klaren Arbeitsdelegation für
sich erkannt: „**Statt ständig zu kontrollieren und zu enge Vorgaben zu machen,
vertraue ich lieber in meine Kolleginnen und Kollegen und ermächtige sie,
selbständig Entscheidungen zu treffen. Wenn sie trotzdem Hilfe brauchen, bin
ich da, zwinge das aber niemandem auf. So sind meine Mitarbeitenden intrinsisch motiviert, Projekte werden eher abgeschlossen und ich habe weniger auf
dem Schreibtisch.**"

Zu delegieren, erlaubt es Führungskräften also, sich auf ihre wichtigsten Aufgaben
zu konzentrieren, während sie gleichzeitig die Manpower, das Potenzial und die Diversität ihrer Teams nutzen. Klare und effektive Delegation fördert die Produktivität,
stärkt das Teamgefühl und die Arbeitszufriedenheit und trägt so entscheidend zum Erfolg des Unternehmens bei (vgl. auch Baker & Murphy, 2022; Schriesheim et al., 2017).

**In die Praxis – Schritte für vielseitige Führungskräfte, um gut und klar
zu delegieren:**
1. Zunächst **planen Sie, welche Aufgaben Sie abgeben können.**
   Das sind zum einen Aufgaben, die Sie gerne abgeben wollen und für die
   Sie jemanden haben, der sie übernehmen kann. (Falls Sie niemanden
   dafür haben, werden Sie kreativ: Nachbarabteilung? Outsourcing? Auf-

gabe streichen?) Zum anderen sind es Aufgaben, die Sie vielleicht gerne selbst machen, aber für die Sie jemand besseren als sich selbst im Team haben.

Berücksichtigen Sie dabei die individuellen Stärken und Präferenzen Ihrer Teammitglieder: Jede Person bringt unterschiedliche Stärken, Fähigkeiten und Interessen, aber auch Wünsche und Bedürfnisse mit. Indem Sie die Ausführenden entsprechend auswählen und sicherstellen, dass die zugewiesenen Aufgaben den jeweiligen Mitarbeitenden entsprechen, fördern Sie nicht nur die Motivation, sondern auch die Effizienz bei der Durchführung der Aufgaben.

2. **Definieren Sie transparent im Team klare Ziele und Aufgaben**, um sicherzustellen, dass Ihr Team versteht, was von ihm erwartet wird, und alle informiert sind.

   Dies umfasst nicht nur die Beschreibung der Aufgaben und den erwarteten Zeitrahmen, sondern – ganz wichtig! – auch die damit verbundenen Ziele. Dadurch schaffen Sie Klarheit und Verständnis darüber, was erreicht werden soll und welche Rolle die einzelnen Teammitglieder dabei haben.

   Welchen Kanal Sie für die Delegation nutzen (schriftlich? mündlich?) und wie detailliert Sie die Aufgabe beschreiben müssen, hängt übrigens von der Person ab, an die Sie delegieren. Seien Sie hier aufmerksam, lernfähig und flexibel.

3. Dann **halten Sie die Durchführung der Aufgabe nach** und geben Sie regelmäßig Feedback.

   Kündigen Sie anfangs an, dass Sie sich regelmäßig über den Fortgang der Arbeiten informieren werden. Durch offene Kommunikation und ein gutes Maß an Kontrolle können potenzielle Probleme frühzeitig erkannt und behoben werden, bevor sie zu größeren Schwierigkeiten führen. Die abgegebene Arbeit im Auge zu behalten und regelmäßiges Feedback zur Ausführung zu geben, insbesondere zu Beginn der Zusammenarbeit, ist auch wichtig, um Missverständnisse und Fehler zu vermeiden.

   Wie engmaschig Sie die Delegation nachhalten müssen, hängt wiederum von der Person ab, an die Sie delegiert haben, und davon, wie klar Sie die Aufgabe, das Ziel und die Ergebniserwartungen beschrieben haben.

4. Nach der Delegation **reflektieren Sie den Delegationsprozess**, um zu verstehen, was gut funktioniert hat und was verbessert werden kann.

   Analysieren Sie dabei, welche Aufgaben Sie an wen erfolgreich delegiert haben, welche Ansprache, welcher Kanal, welcher Detailgrad und wel-

che Informationen hilfreich waren und welche Herausforderungen aufgetreten sind bzw. was unklar war. Passen Sie die nächste Delegation
dann entsprechend an.

Betrachten Sie auch die Entwicklung Ihrer Teammitglieder durch die
übertragenen Aufgaben und identifizieren Sie Möglichkeiten, sie weiter
zu fördern und zu unterstützen.

Als multitalentierte Führungskraft kann es zunächst schwierig sein, die Kontrolle über Aufgaben abzugeben, insbesondere wenn man denkt, dass man eine
Aufgabe schneller und möglicherweise besser selbst erledigen kann. Es ist daher
wichtig zu erkennen, dass die Delegation nicht nur dazu dient, Aufgaben zu übertragen und damit zeitliche Freiräume für sich selbst zu schaffen, sondern auch eine
Chance bietet, die Fähigkeiten und das Potenzial des Teams zu nutzen.

Um ein gutes Gefühl bei der Delegation zu entwickeln, ist es daher hilfreich,
sich die oben genannten Vorteile immer wieder vor Augen zu führen. Statt sich auf
die kurzfristigen Vorteile der Selbstausführung zu konzentrieren, sollten Führungskräfte den langfristigen Nutzen betrachten: Delegation fördert die Entwicklung der
Teammitglieder, ihre Motivation und Leistung, verbessert ihre Fähigkeiten, bewirkt ein positives Arbeitsklima, das von Offenheit und Vertrauen geprägt ist, und
schafft langfristige Effizienz. Es ist wichtig, Vertrauen in die Fähigkeiten des
Teams zu entwickeln und zu erkennen, dass ein breiteres Spektrum an Ideen und
Fähigkeiten zu innovativeren Lösungen führen kann.

Um dieses Vertrauen aufzubauen, empfiehlt es sich, zunächst kleinere, weniger
kritische Aufgaben zu delegieren, um die Effektivität des Teams und der Delegation zu testen und die Delegationsfähigkeit sukzessive aufzubauen. Mit der Zeit
und positiven Erfahrungen können dann auch komplexere Aufgaben übertragen
werden. Außerdem ist es wichtig, möglichst klar zu kommunizieren und seine Erwartungen an die Ausführung der delegierten Aufgabe klar zu benennen (siehe
Kasten). Letztlich führt die erfolgreiche Delegation bei den Führungskräften zu
Entlastung und erlaubt es ihnen, sich auf übergeordnete Aspekte zu konzentrieren,
also ihre eigentlichen genuinen Führungsaufgaben.

5.3   Zusammenhang zwischen Coaching
und Mitarbeiterzufriedenheit

Die Zufriedenheit der Mitarbeiter ist ein zentraler Faktor für den Erfolg einer Organisation, denn „motivierte Mitarbeiter und eine motivierte Führungskraft führen
zu einer hohen Produktivität" (Berning, 2021, S. 23). Die Mitarbeiterzufriedenheit

wird – auch wenn sie relativ stabil ist und zu 20–30 % genetisch determiniert (Kauppila, 2024; Li et al., 2016) – in großen Teilen von der Führungskompetenz beeinflusst (Berning, 2021, S. 23; Haile, 2023; Kuoppala et al., 2008). Eine wesentliche Aufgabe für Führungskräfte in modernen Unternehmen ist es daher, eine Umgebung zu schaffen und zu erhalten, in der sich Mitarbeitende wertgeschätzt und unterstützt fühlen, damit sie zufrieden zur Arbeit gehen.

Um die Arbeitszufriedenheit zu steigern und Mitarbeiter langfristig ans Unternehmen zu binden, sollten Führungskräfte beispielsweise ansprechende Aufgaben und Inhalte verteilen, ehrliche Anerkennung zollen, Verantwortung, Selbstbestätigung, Erfolg und Aufstieg ermöglichen, Weiterentwicklung fördern, eine offene Kommunikation pflegen und ein unterstützendes Umfeld schaffen (vgl. Bröckermann, 2011, S. 36; Kelloway & Gilbert, 2017). Wie Anthony (2017) zeigen konnten, spielt Leadership Coaching dabei eine wichtige Rolle, denn es hilft Führungskräften unter anderem, individueller auf die Entwicklungsbedürfnisse und -Wünsche ihrer Mitarbeitenden einzugehen und die nötigen Fähigkeiten zu entwickeln, um klar zu kommunizieren und bei Delegationen in die Fähigkeiten der Mitarbeitenden zu vertrauen. Darüber hinaus werden vor allem vielseitige Führungskräfte mit gezieltem Leadership Coaching darin unterstützt, ihre Ideen so zu lenken, dass sie ihre Mitarbeitenden nicht überfordern, und ihre eigenen Aufgaben so zu managen, dass sie für ihre Mitarbeitenden ansprechbar bleiben und genügend Zeit haben. Denn gerade bei Scanner-Führungskräften besteht die Gefahr, zu viele Aufgaben, Projekte etc. auf dem Schreibtisch zu haben, sodass kaum noch Ressourcen für die Mitarbeitenden frei sind: **„Das verärgert und frustriert dann natürlich, wenn die Führungskraft nie greifbar ist, weil sie ständig mit anderen Sachen zu tun hat."** (Johannes J.)

Um die Mitarbeiterzufriedenheit in einem Unternehmen zu steigern, ist Business Coaching also ein probates Mittel: als individuelles (Führungskräfte-)Coaching oder Team-Coaching, das auf die Bedürfnisse und Ziele der Mitarbeitenden zugeschnitten ist.

5.4 (Team-)Coaching für eine gute Kommunikation

Eine gute Arbeitsatmosphäre und mehr Zufriedenheit bei den Mitarbeitern hängen stark davon ab, wie offen und transparent kommuniziert wird – und zwar innerhalb des gesamten Teams. Etwaige Konflikte und Missverständnisse können so frühzeitig gesehen und behoben und Ideen offen diskutiert werden (Jeanquart Miles & Mangold, 2002). Dies trägt zu einer vertrauensvollen Atmosphäre und dazu bei, dass das Team kooperativer und produktiver arbeitet sowie insgesamt kreativer und leistungsfähiger ist (Boies et al., 2015).

Um die Kommunikation innerhalb eines Teams zu verbessern, kann ein Business Coach und/oder Team-Coach eingesetzt werden, der die Führungskraft und das Team dabei unterstützt, Kommunikationsmuster zu erkennen, Konflikte zu lösen und alternative Wege der Zusammenarbeit zu finden sowie Strategien zur Förderung einer effektiven Teamkommunikation zu erarbeiten und erfolgreich zu etablieren. Dies können sein: klare Kommunikationsrichtlinien, das Erstellen eines Kommunikationsplans (siehe Kasten), regelmäßige Teambesprechungen sowie die Einführung eines offenen Dialogs.

Der professionelle Coach erarbeitet dazu mit der Führungskraft und/oder dem Team genau jene Strategien und Methoden, die für die spezifischen Personen in der aktuellen Situation am zielführendsten sind, und stattet sie mit Kompetenzen für zukünftige Situationen aus. Ein guter Coach schaut auch darauf, welche Hemmnisse einer erfolgreichen Umsetzung der Strategien im Wege stehen könnten (Stichwort: Warum hat es bisher nicht funktioniert?) und wie diese erfolgreich behoben werden können.

> **In die Praxis – So erstellen Sie einen Kommunikationsplan**
>
> Ein Kommunikationsplan ist ein strukturierter Leitfaden, der festlegt, wie, wann und was kommuniziert werden soll, um bestimmte Ziele zu erreichen. Er legt eine klare Strategie für die interne und externe Kommunikation fest und steigert die Effizienz und den Output der Kommunikation.
>
> Ein gut durchdachter Kommunikationsplan dient Ihnen als Führungskraft als Werkzeug, um in einer spezifischen Situation die Effektivität und den Einfluss Ihrer Botschaften innerhalb und außerhalb Ihres Teams zu maximieren und sicherzustellen, dass Sie die beabsichtigten Ziele erreichen. Er dient Ihnen außerdem dazu, eine klare Vision für die Kommunikation zu entwickeln, das eigene Team effektiv zu führen und mit den verschiedenen Interessengruppen im Unternehmen erfolgreich zu interagieren.
>
> Zur Erstellung eines solchen Planes führen Sie die folgenden Schritte durch:
>
> 1. **Analyse der Anforderungen:** Beginnen Sie mit einer gründlichen Analyse der Kommunikationsbedürfnisse. Was muss gerade kommuniziert werden, an wen und warum?
> 2. **Festlegung der Ziele:** Definieren Sie klare und messbare Ziele für Ihre Kommunikation. Möchten Sie Informationen weitergeben, das Engagement steigern, die Teamkultur verbessern oder Konflikte lösen? Die Zielerreichung sollte in Ihrem Einflussbereich liegen. Bei der Zielformulierung kann die SMART-Formel helfen (vgl. Kap. 11).
> 3. **Zielgruppen bestimmen:** Identifizieren Sie die Zielgruppen Ihrer Kommunikation. Das können Mitarbeiter, Kunden, Investoren, Partner oder andere Interessengruppen sein. Analysieren Sie ihre jeweiligen Bedürfnisse, Erwartungen und Kommunikationspräferenzen.

4. **Botschaften entwickeln:** Formulieren Sie klare und zielgerichtete Botschaften. Diese sollten kurz, verständlich, relevant und konsistent sein. Passen Sie die Botschaften an die Bedürfnisse und Erwartungen Ihrer Zielgruppen an.
5. **Budget festlegen:** Definieren Sie ein Budget für Ihre Kommunikationsaktivitäten. Berücksichtigen Sie dabei Ressourcen wie Personal, Technologie, externe Dienstleister oder Werbung.
6. **Kanäle und Tools festlegen:** Bestimmen Sie die besten Kommunikationskanäle und -mittel für jede Zielgruppe und Botschaft, zum Beispiel Meetings, E-Mails, interne Plattformen, soziale Medien, Newsletter oder persönliche Gespräche.
7. **Zeitplan erstellen:** Entwickeln Sie einen Zeitplan für Ihre Kommunikationsaktivitäten. Definieren Sie darin den Zeitrahmen für die Umsetzung und Veröffentlichung Ihrer Botschaften und wählen Sie den besten Zeitpunkt für jede Kommunikationsaktion.
8. **Verantwortlichkeiten zuweisen:** Weisen Sie klare Verantwortlichkeiten zu. Bestimmen Sie, wer für welche Kommunikationsaktivitäten verantwortlich ist und wer die Botschaften genehmigt oder überwacht.
9. **Umsetzung überwachen:** Halten Sie die Durchführung der Kommunikationsaktivitäten regelmäßig nach, um ihre pünktliche, vollständige und angemessene Umsetzung zu gewährleisten.
10. **Evaluierung und Anpassung:** Legen Sie Kriterien fest, anhand derer Sie den Erfolg Ihrer Kommunikation messen können, bzw. nutzen Sie die in Schritt 2 definierten Messindikatoren. Sammeln Sie Feedback, um Ihren Kommunikationsplan bei Bedarf anzupassen und zu verbessern.

Wenn Sie sich an die Schritte halten und sie sorgfältig umsetzen, haben Sie mit einem solchen Kommunikationsplan ein leistungsstarkes Instrument an der Hand, um vermittels guter Kommunikation und klarer Botschaften die Mitarbeiterzufriedenheit zu steigern.

Für Führungskräfte mit Scanner-Persönlichkeit sind Einzel- und Team-Coachings besonders hilfreich, auch in Kombination, denn es zwingt sie und ermöglicht es ihnen, fokussiert über einen längeren Zeitraum strukturiert (im Team) an einem Problem zu arbeiten und dabei – unterstützt durch einen Coach – alle Perspektiven zu integrieren.

Bei der Durchführung eines erfolgreichen Team-Coachings ist es wichtig, einen Coach zu wählen, der über fundierte Erfahrungen in der Teamentwicklung, Teamkommunikation und im Konfliktmanagement verfügt. Ein guter Team-Coach zeichnet sich durch sein Verständnis für Teamdynamik, seine empathische Kommunikation und seine Fähigkeit aus, ein unterstützendes und vertrauensvolles Umfeld zu schaffen. Zudem sollten diejenigen, die den Coach auswählen, darauf achten, dass der Coach die individuellen Bedürfnisse und Herausforderungen des Teams versteht, also auch mit dem Thema der Scanner-Persönlichkeit der Führungskraft vertraut ist.

Best Practices für die Durchführung eines effektiven Team-Coachings

- **Klare Ziele setzen:** Definieren Sie am Anfang klare Ziele für das Team-Coaching. Identifizieren Sie die Erwartungen, die jedes Teammitglied an das Coaching hat, und die Ziele, die das Team mit dem Coaching erreichen möchte. Treten Sie damit an Ihren Coach heran.
- **Schaffen eines sicheren Raums:** Schaffen Sie ein Umfeld für das Coaching, das Sicherheit und Vertrauen fördert, sodass die Teammitglieder frei sprechen können, ohne Angst vor Kritik oder Urteilen.
- **Teilnehmer einbeziehen:** Alle Teammitglieder sollten die Möglichkeit haben, sich immer ohne Scheu, Scham und Konsequenz für sie als Person am Coaching-Prozess aktiv zu beteiligen. Eine regelmäßige Teilnahme ist dabei Grundvoraussetzung.
- **Aktives Zuhören:** Wichtige Voraussetzungen für ein gelungenes Team-Coaching sind das aktive Zuhören und Kommunikationsregeln. Stellen Sie gemeinsam mit dem Coach Regeln auf, um Missverständnisse zu vermeiden, wertschätzend zu bleiben und effektiv zu kommunizieren.
- **Reflexion und Feedback:** Ermutigen Sie das Team dazu, den Coachingprozess regelmäßig zu reflektieren und Feedback zu geben, sowohl an den Coach als auch an die Führungskraft. Dies verbessert den Prozess und trägt wesentlich zu seinem Erfolg bei.
- **Implementierung neuer Erkenntnisse:** Ermutigen Sie das Team dazu und schaffen Sie aktiv den Rahmen, Erkenntnisse und Strategien aus dem Coaching in die tägliche Arbeitspraxis zu integrieren. Veränderungen können nur erfolgreich sein, wenn sie konsequent umgesetzt werden.
- **Follow-up und Kontinuität:** Bestenfalls ist der Coachingprozess kein einmaliges Ereignis, sondern findet kontinuierlich statt – und nicht erst, wenn „das Kind in den Brunnen gefallen ist". Planen Sie mindestens eine Follow-up-Coaching-Sitzung in einigem Abstand zum Ende des Coachingprozesses, um den Transfer des Erarbeiteten zu sichern und eventuell nachjustieren zu können.

Das gezielte Einsetzen von Einzel- und Team-Coaching ist ein wesentlicher Faktor für vielseitige Manager, um ein harmonisches und leistungsfähiges Arbeitsumfeld zu schaffen. Es erhöht die Mitarbeiterzufriedenheit, indem es den Mitarbeitenden inklusive Führungskraft die Möglichkeit gibt, die Kommunikation zu verbessern, Konflikte zu bewältigen und aktuelle Probleme zu lösen sowie Kompetenzen aufzubauen.

Literatur

Anthony, E. L. (2017). The impact of leadership coaching on leadership behaviors. *Journal of Management Development, 36*(7), 930–939.

Baker, E. L., & Murphy, S. A. (2022). Delegation: A core leadership skill. *Journal of Public Health Management and Practice, 28*(4), 430–432.

Bayl-Smith, P. H., & Griffin, B. (2015). Measuring work styles: Towards an understanding of the dynamic components of the theory of work adjustment. *Journal of Vocational Behavior, 90*, 132–144.

Berning, W. (2021). *Führungskompetenz und Motivation*. Springer.

Boies, K., Fiset, J., & Gill, H. (2015). Communication and trust are key: Unlocking the relationship between leadership and team performance and creativity. *The Leadership Quarterly, 26*(6), 1080–1094.

Bröckermann, R. (2011). *Führungskompetenz: Versiert kommunizieren und motivieren, Ziele vereinbaren und planen, fordern und fördern, kooperieren und beurteilen*. Schäffer-Poeschel.

Haile, G. A. (2023). Organizational leadership: How much does it matter? *British Journal of Industrial Relations, 61*(3), 653–673.

Jeanquart Miles, S., & Mangold, G. (2002). The impact of team leader performance on team member satisfaction: The subordinate's perspective. *Team Performance Management: An International Journal, 8*(5/6), 113–121.

Kauppila, O.-P. (2024). Revisiting the relationships between leadership and job satisfaction. *European Management Review*, 1–15. https://doi.org/10.1111%2Femre.12637.

Kelloway, E. K., & Gilbert, S. (2017). Does it matter who leads us? The study of organizational leadership. In N. Chmiel, F. Fraccaroli, & M. Sverke (Hrsg.), *An Introduction to Work and Organizational Psychology: An International Perspective* (S. 192–211). Wiley.

Kuoppala, J., Lamminpää, A., Liira, J., & Vainio, H. (2008). Leadership, job well-being, and health effects – A systematic review and a meta-analysis. *Journal of Occupational and Environmental Medicine, 50*(8), 904–915.

Li, W. D., Zhang, Z., Stanek, K. C., Ones, D. S., & McGue, M. (2016). Are genetic and environmental influences on job satisfaction stable over time? A three-wave longitudinal twin study. *Journal of Applied Psychology, 101*(11), 1598–1619.

Schriesheim, C. A., Neider, L. L., & Scandura, T. A. (2017). Delegation and leader-member exchange: Main effects, moderators, and measurement issues. *Academy of Management Journal, 41*(3), 298–318.

Fokussierte Produktivität und ein effektives Selbstmanagement

6

Angesichts der vielen Herausforderungen, mit denen Führungskräfte heute täglich konfrontiert sind, ist es wichtig, ein gutes Selbstmanagement zu haben, also sich und seine Aufgaben gut strukturieren zu können, sowie fokussiert zu sein, um effizient und effektiv zu arbeiten.

Dieses Kapitel zeigt, wie Führungskräfte mit Tausendsassa-Persönlichkeit ihre zahlreichen Aufgaben, Interessen, Ideen und Projekte erfolgreich kanalisieren, sich gut strukturieren und ihre Zeit effektiv managen. Es werden bewährte Praktiken und Strategien vorgestellt, um die Arbeitslast zu reduzieren, der Ideenflut Herr zu werden und insgesamt die Produktivität zu steigern. Darüber hinaus stelle ich Methoden zur Entwicklung einer klaren Struktur in der Arbeitsweise vor, die einen konzentrierten Fokus und Durchhaltevermögen schaffen und Ablenkungen reduzieren.

Das Kapitel schließt mit einer Übersicht und Empfehlungen, wie Business Coaching beim Aufbau von Produktivität und einer guten Selbstmanagement-Fähigkeit unterstützen kann.

6.1 Der Arbeitslast, Ideen- und Aufgabenflut Herr werden

Die Bewältigung einer übermäßigen Arbeitslast aufgrund einer Flut von Ideen oder Aufgaben ist eine zentrale Herausforderung für Scanner-Persönlichkeiten, denn wer seinen Workload als hoch empfindet, fühlt sich oftmals zeitlich überfordert und insgesamt überlastet. In einer Studie gaben 6 von 10 Managern an, dass sie sich aufgrund von zu viel Arbeit psychisch belastet fühlen (Hobson & Beach, 2000). Eine hohe Arbeitsdichte bei konstantem Zeitdruck ist eines der Kernmerkmale der Arbeits-

© Der/die Autor(en), exklusiv lizenziert an Springer Fachmedien Wiesbaden GmbH, ein Teil von Springer Nature 2025
S. Gierhan, *Führungskräfte-Coaching für vielseitige Manager*,
https://doi.org/10.1007/978-3-658-47220-7_6

situation von Führungskräften (Regnet, 2014, S. 29). Bei Scanner-Führungskräften kommt noch folgendes Problem hinzu: „**Ich bin zeitlich überfordert von meinen vielen Aufgaben, privat wie beruflich. Ich habe so viele Baustellen, die ich angefangen habe, weil sie Spaß machen, und um die ich mich jetzt kümmern muss**" (Frank M., Vorstandsvorsitzender, zu Anfang unseres Coachings). Scanner-Persönlichkeiten gehen also vieles an, einfach weil es Freude macht und sie einen hohen Tatendrang haben – obgleich eigentlich schon genug auf ihrem Schreibtisch liegt.

Bevor vielseitige Führungskräfte ihre Zeit mithilfe von Zeitmanagement-Tools gut planen können, müssen sie die Aufgabenlast erkennen und so reduzieren, dass sie in der vorhandenen Zeit auch realistisch zu bewältigen ist. So überfordern sie sich nicht länger selbst oder ihre Mitarbeiter.

Um der großen Arbeitslast Herr bzw. Frau zu werden, ist es zunächst entscheidend, sich der Vielzahl an Aufgaben, eigenen Interessen und Hochzeiten bewusst zu werden, auf denen man gerade tanzt, und sich dann Zeit für eine eingehende Reflexion zu nehmen, um seine eigenen Ziele, seinen persönlichen Fokus (das „Warum" oder „Why" im Leben, vgl. auch Sinek, 2009), seine Bedürfnisse und die Unternehmensziele und Prioritäten zu klären. Diese Selbstreflexion bietet die Grundlage, um bewusst zu entscheiden, welche Aufgaben oder Projekte direkt zum Erreichen dieser Ziele beitragen und welche nicht.

In diesem Schritt geht es also auch darum, die Motivation hinter den eigenen Handlungen zu erkennen. Durch die Priorisierung basierend auf persönlichen Zielen und Bedürfnissen (vgl. Kap. 3) sowie Unternehmenszielen anstelle von äußeren Erwartungen (zum Beispiel: „Als Führungskraft solltest du immer länger als die Mitarbeitenden im Büro sein.") oder eingefahrenen Denkmustern (zum Beispiel: „Ich muss viel Geld verdienen." oder „Ich muss viel leisten, um etwas wert zu sein.") kann eine klare Ausrichtung auf das Wesentliche erreicht und können Aufgaben und die Arbeitslast deutlich reduziert werden.

Nach der Klärung der Ziele, Bedürfnisse und Prioritäten ist der nächste Schritt, sich bewusst auf diejenigen Aufgaben zu konzentrieren, die eine direkte Verbindung zu diesen Zielen haben, sich also auf das Wesentliche zu fokussieren. Führungskräfte müssen auswählen, welche Projekte oder Aufgaben tatsächlich zum gewünschten Ergebnis beitragen. So verlieren sie sich nicht in der Vielzahl der Möglichkeiten.

Das bedeutet auch, die Fähigkeit zu entwickeln, „Nein" zu sagen oder Aufgaben zu delegieren, die nicht direkt auf die definierten Ziele einzahlen. Es geht hier also um bewusste Entscheidungen mit dem Zweck, die eigenen Ressourcen effektiver zu nutzen und eine realistischere Balance zwischen dem Machbaren und dem Wünschenswerten zu schaffen. Damit trägt einjeder auch entscheidend dazu bei, körperlich und geistig gesund und leistungsfähig zu bleiben (Pourjali & Zarnaghash, 2010), Stichwort „Selbstfürsorge". Anders formuliert: Nur wenn ich „nein" sagen kann und Aufgaben reduziere, bleibe ich gesund, motiviert und leistungsfähig.

Hier können auch die Mitarbeitenden und ein ökonomischer Blick helfen. Benjamin L.: „**Ich habe als Tausendsassa-Führungskraft sehr viele Ideen und darf meine Mitarbeiter damit nicht überfordern. Dafür ist es wichtig, eine offene Gesprächskultur zu haben, in der mir meine Mitarbeiter Rückmeldung geben dürfen. Außerdem schaue ich immer auch auf die Wirtschaftlichkeit, also darauf, was von meinen vielen Ideen unter wirtschaftlichen Gesichtspunkten sinnvoll ist. Auch das reduziert die Zahl der Möglichkeiten.**"

Indem sie sich ziel- und bedürfnisgesteuert bewusst für bestimmte Aufgaben entscheiden und andere delegieren (vgl. Kap. 5) oder aussortieren, bekommen Führungskräfte mit Scanner-Persönlichkeit eine realistischere Arbeitslast. Sie können ihre Arbeitslast bewältigen und ihre Energie auf relevantere Aufgaben lenken sowie Ressourcen freisetzen für neue bzw. andere Projekte.

6.2 Effektive Zeitmanagement-Strategien für vielseitige Manager

Ein gutes Zeitmanagement ist für Führungskräfte mit Tausendsassa-Persönlichkeit unabdingbar, da sie in der Regel viele Ideen, Aufgaben und Projekte gleichzeitig jonglieren. Die Neigung zu vielfältigen Interessen und Aktivitäten kann dazu führen, dass multitalentierte Führungskräfte Schwierigkeiten haben, den Fokus zu behalten und Prioritäten zu setzen: „**Was mir überhaupt nicht liegt, ist, Prioritäten zu setzen und fokussiert dranzubleiben. Ich habe keine Struktur.**" (Frank M.)

Ein gutes und effektives Energie- und Zeitmanagement hilft ihnen dabei, ihre Vielfalt zu strukturieren, klare Prioritäten zu setzen und ihren Tag so zu organisieren, dass sie ihre Energien und Konzentration auf die wesentlichen Aufgaben lenken: „**Damit ich die Dinge bewegen kann, die ich bewegen möchte, muss ich immer wieder schauen, wie ich meine Energie gut verteile.**" (Daniel M.)

Ich selbst gehörte schon immer zur strukturierten Sorte Tausendsassa. Und doch (oder gerade deswegen) habe ich mich intensiv mit Zeitmanagement auseinandergesetzt. Damit Führungskräfte mit Scanner-Persönlichkeit ihre Zeit und Energie effektiv managen können, bedarf es spezifischer Techniken und Herangehensweisen, die auf ihre vielseitigen Anforderungen abgestimmt sind und ihnen helfen, ihre Produktivität zu steigern, sich besser zu organisieren und den Fokus auf wichtige Aufgaben zu lenken. Meine gesammelten Best Practices werde ich im Folgenden teilen. Dabei ist es wichtig, die gewählten Zeitmanagement-Strategien regelmäßig zu überprüfen und an die Erfordernisse der jeweiligen Situation, Zeit und eigenen Konstitution anzupassen. Für solche Routine-Überprüfungen sollte man sich einen festen wiederkehrenden Termin im Kalender einplanen, zum Beispiel einmal im Halbjahr.

Zeitplanung, Priorisierung und Puffer

Für ein gutes Zeit- und Energiemanagement ist eine klare Zeitplanung zielführend. Johannes J.: **„Ich arbeite auf einer Schnittstellenposition, wo ich sehr viele Aufgabenbereiche habe und eigentlich überall irgendwie dabei bin. Da muss ich eine sehr klare Zeitplanung haben."** Daniel M.: **„Bei Projekten muss ich mich als Tausendsassa gut fokussieren und regelmäßig prüfen, ob ich noch auf dem richtigen Weg zum Ziel bin. Meist kommen im Projektablauf viele Aspekte ans Licht, welche zu Beginn nicht bekannt waren oder nicht betrachtet wurden. Diese muss ich dann integrieren. Mir hilft hier ein klarer Zeitplan, an dem ich mich orientieren kann. So kann ich abschätzen, wann ich keine weiteren Ideen mehr einfließen lassen darf."**

Wenn man weiß, was wirklich wichtig ist, kann man sich auf die wesentlichen Aufgaben konzentrieren und unwichtige Tätigkeiten minimieren. Nur so komme ich mit meinen vielen Aktivitäten strukturiert und zufrieden durch den Alltag. Da gerade vielseitige Manager dafür anfällig sind, sich auch unwichtige Tätigkeiten aufzuhalsen, sollten sie ihre Aufgaben anfangs wöchentlich bzw. täglich planen und priorisieren, zum Beispiel mithilfe einer Tabelle nach der ALPEN-Methode (Seiwert, 2002, 2018), die alle anstehenden Aufgaben zeitlich taktet, nachdem ihnen eine voraussichtliche Bearbeitungsdauer und Priorität zugeordnet wurden. **„Gerade wenn man so viele Aufgabenbereiche hat und dann auch noch Führung dazu kommt, dann unterschätzt man am Anfang, was das eigentlich an Zeitaufwand bedeutet. Ich musste erst mal lernen, meine Zeit richtig einzuschätzen (also wieviel Zeit welche Aufgaben wirklich brauchen), meine Grenzen kennenlernen und einhalten lernen und auch Zeiträume einzuplanen für Unvorhergesehenes und bewusste Pausen."** (Johannes J.)

Die Eisenhower-Matrix (Covey, 1989), die Aufgaben nach Dringlichkeit und Wichtigkeit kategorisiert, kann bei der Priorisierung helfen. Prioritäten werden bei dieser Methode gesetzt, indem man zwischen wichtigen, aber nicht dringenden Aufgaben und dringenden, aber nicht wichtigen unterscheidet. Abhängig vom Arbeitsrhythmus sollten sich vielseitige Manager, die die Eisenhower-Matrix nutzen möchten, regelmäßig Zeiten einplanen, um ihre persönliche Eisenhower-Matrix zu aktualisieren und die Priorisierung ihrer Aufgaben zu reflektieren, damit Aufgaben nicht nur einmal priorisiert, sondern auch tatsächlich nach Priorität umgesetzt werden. Damit man sich als Führungskraft also an seine eigene Matrix hält. Dabei hilft es, den Fokus vor allem auf die wichtigen und dringlichen Aufgaben zu setzen. Wenn im Team gearbeitet wird, ist es empfehlenswert, die Matrix mit den Teammitgliedern transparent zu teilen oder zu erstellen, um die Verbindlichkeit und die gemeinsame Produktivität zu erhöhen.

Dabei ist eine Sache zu beachten: Was schnell erledigt werden kann, kommt gar nicht erst in die Matrix oder auf To-Do-Listen. **„Es ist eine totale Banalität, aber was für mich ein echter Game Changer war, ist die 3-Minuten-Regel: Was in drei Minuten oder weniger erledigt werden kann, erledige ich sofort."** (Johannes J.)

Teil eines guten Zeitplans ist auch die Integration von Puffern für Unvorhergesehenes, Dringendes, Kreatives und Spontanes. Mindestens 15–20 % der Gesamtzeit für eine Aufgabe oder einen Projektabschnitt Puffer einplanen! Flexibilität im Zeitplan ermöglicht es, sich auf neue Prioritäten einzustellen, ohne den gesamten Zeitplan zu gefährden.

Um die Konzentration aufrechtzuerhalten und Ermüdung zu vermeiden, sind Pausen nicht zu unterschätzen. Immer wieder kleinere Pausen von ein paar Minuten und nach größeren Arbeitsblöcken längere Pausen von bis zu einer halben Stunde sind Pflicht. Mittagspause ohne Arbeit, Handy und Schreibtisch nicht vergessen! Es ist sinnvoll, sich für die Mittagspause mit Kollegen zu verabreden (und dann nicht über die Arbeit zu sprechen!), rauszugehen an die frische Luft und/oder sich zu bewegen. So schlägt man mehrere Fliegen mit einer Klappe.

Zeitblöcke für spezifische Aufgaben
Zu einem guten Zeitmanagement gehört auch, dass man sich den Arbeitstag so einteilt, dass man Zeitfenster oder Zeitblöcke für spezifische Aufgaben oder Aufgabentypen einplant, wobei Ähnliches zu Ähnlichem gruppiert wird. Indem man gleichartigen Aufgaben dezidierte Zeitfenster zuweist, kann man sich besser fokussieren und Ablenkungen minimieren und wird insgesamt effizienter. (Mehr zum Thema „Ablenkungen" weiter unten.)

Dies macht sich auch die Timeboxing-Methode (Martin, 1991) zunutze, bei der klare, vordefinierte Zeitrahmen für bestimmte Aufgaben oder Aktivitäten festgelegt werden. Dabei wird die gesamte Arbeitszeit in begrenzte „Boxen" oder Zeitblöcke unterteilt, die jeweils einer spezifischen Aufgabe oder einem Projekt gewidmet sind. Im Rahmen der Timeboxing-Methode legt man im Voraus fest, wie viel Zeit für eine Aufgabe oder ein Projekt zur Verfügung steht, und kommuniziert dies transparent im Team und an Personen, die von einem abhängen, wie beispielsweise Vorgesetzte oder externe Stakeholder. Anschließend arbeitet man konzentriert und fokussiert innerhalb dieses festgelegten Zeitfensters, um die definierten Ziele zu erreichen.

Die Idee hinter dieser Technik besteht darin, dass begrenzte Zeitfenster dazu ermutigen, sich auf das Erreichen konkreter Ziele zu konzentrieren, anstatt sich in Details zu verlieren oder Zeit ineffektiv zu nutzen. Sie hilft auch dabei, die Zeit für verschiedene Aufgaben oder Projekte besser zu planen und sicherzustellen, dass man jedem To-Do genügend Platz einräumt. **„Eine ganz wichtige Strategie für mich ist, Kalender effektiv zu nutzen und auch Timeboxing zu betreiben, also wirklich sehr bewusst mit der Zeit umzugehen und dann Prioritäten zu setzen: einmal pro Woche und einmal pro Tag. Außerdem von Anfang an ein gutes Erwartungsmanagement zu betreiben, bei mir selbst, aber auch bei den Menschen, mit denen ich arbeite."** (Johannes J.)

In die Praxis – Die Pomodoro-Technik

Timeboxing kann zum Beispiel mithilfe der Pomodoro-Technik (italienisch für „Tomate") realisiert werden. Diese Technik wurde von Francesco Cirillo entwickelt (vgl. Cirillo, 2009) und ist offenbar nach einer Küchenuhr in Tomatenform benannt. Sie zielt darauf ab, die Produktivität zu steigern und die Konzentration zu verbessern, indem sie die Arbeitszeit konsequent in kurze, intensive Intervalle von 25 Minuten plus Pausen von etwa 5 Minuten unterteilt. Man arbeitet in den festgelegten Zeitintervallen konzentriert und fokussiert an einer Aufgabe.

So wenden Sie die Pomodoro-Technik an:

1. **Wählen Sie eine Aufgabe aus**: Entscheiden Sie, an welcher Aufgabe Sie arbeiten möchten.
2. **Stellen Sie den Timer auf 25 min**: Arbeiten Sie konzentriert und ununterbrochen an der Aufgabe, bis der Timer abgelaufen ist. Versuchen Sie, sich während dieser Zeit ausschließlich auf diese Aufgabe zu konzentrieren, ohne Unterbrechungen oder Ablenkungen.
3. **Kurze Pause**: Nachdem der Timer abgelaufen ist, nehmen Sie eine kurze Pause von etwa 5 min. Stehen Sie auf, öffnen Sie das Fenster, laufen Sie eine Treppe, dehnen Sie sich oder entspannen Sie sich auf andere Weise (aber ohne Handy, das zu sehr ablenkt und Sie auf neue Gedanken bringt, die nichts mit der eigentlichen Aufgabe zu tun haben).
4. **Wiederholen Sie die Pomodoro-Einheiten**: Setzen Sie die Arbeit mit einer weiteren Pomodoro-Einheit fort, gefolgt von einer kurzen Pause. Nach jeder vierten abgeschlossenen Pomodoro-Einheit (also nach 100 min konzentrierter Arbeit) gönnen Sie sich eine längere Pause von etwa 15 bis 30 min.

Diese Methode hilft dabei, die Konzentration aufrechtzuerhalten, indem sie klare und kurze Zeitabschnitte für konzentrierte Arbeit sowie regelmäßige Pausen vorsieht. Sie unterstützt außerdem dabei, die Arbeit in überschaubare Einheiten zu unterteilen, was oft dazu beiträgt, die Produktivität zu steigern und das Gefühl von Überforderung zu verringern.

Einsatz von Technologie

Digitale Kalender, Projektmanagement-Tools und Zeitplanungs-Apps unterstützen dabei, Aufgaben zu verfolgen, Deadlines zu setzen und einzuhalten, Termine zu verwalten und rechtzeitig an To-Dos erinnert zu werden. „Trello", „Asana" oder

„Todoist" sind aktuell Beispiele für solche Tools. Damit sind To-Dos erst mal aus dem Kopf und kommen per Erinnerung wieder, sobald sie dran sind. Dies hilft, den Kopf freizubekommen und den Überblick zu behalten.

Dabei ist es wichtig, nicht zu viele verschiedene Tools gleichzeitig zu nutzen: Post-its am Bildschirm, Notizen im Handy für unterwegs, ein analoges Whiteboard an der Wand, dazu noch digitale Aufgaben-, Notizbuch- und Zusammenarbeits-assistenten sowie handschriftliche To-Do-Listen sind zu viel!

Ich habe meine Zeitmanagement-Helfer reduziert auf „Trello" für die langfristige Planung mit Erinnerungsfunktion und „OneNote" als Notizbuch sowie einen digitalen Kalender für die Termine (jede dieser Apps ist von all meinen Geräten aus verfügbar und mit Mitarbeitenden und Kollegen teilbar) sowie ein handschriftliches Buch für die kurz-fristige Wochen-/Tagesplanung, in das zur besseren Übersicht genau die Aufgaben aus Trello gespiegelt werden, die heute bzw. diese Woche auf jeden Fall zu erledigen sind.

Delegation und Outsourcing

Vielseitige Manager neigen dazu, alles selbst machen zu wollen, weil sie vieles gut können, sich für vieles interessieren und einen hohen Anspruch haben. Angela R.: **„Eine Problematik ist, sich nicht in alles selbst reinzufuchsen und Zeit zu inves-tieren, sondern stattdessen Aufgaben gezielt ins Team zu delegieren."**

Gerade für multitalentierte Führungskräfte ist es wichtig zu lernen, Aufgaben zu delegieren und bei Bedarf externe Unterstützung in Anspruch zu nehmen. So können sie ihre Zeit für strategisch wichtigere Aufgaben einsetzen, in denen ihre eigentlichen Stärken zum Tragen kommen. Weshalb Delegieren so wichtig ist und wie eine gute Delegation funktioniert, ist ausführlich in Kap. 5 beschrieben.

Agile Ansätze und iterative Planung

Der Einsatz agiler Projektmanagementmethoden und einer iterativen Planung kann dazu beitragen, Projekte in kleinere, handhabbare Abschnitte zu unterteilen. Dies er-möglicht eine flexiblere Herangehensweise, um auf Veränderungen zu reagieren und gleichzeitig den Fortschritt der einzelnen Projekte kontinuierlich zu überwachen und anzupassen, und hilft vielseitigen Führungskräften, ihre Zeit und Energie auf das Wesentliche zu richten.

Agile Methoden wie Scrum (vgl. Schwaber, 2004) oder Kanban (aus den 1940er-Jahren nach Taiichi Ōno) basieren auf der Idee, große Projekte oder komplexe Aufgaben in kleinere, leichter handhabbare Abschnitte zu unterteilen, die als Iteratio-nen oder Sprints bezeichnet werden. Dies ermöglicht es Teams, in kurzen, festgelegten Zeiträumen zu arbeiten und dabei flexibel auf Änderungen zu reagieren.

Angenommen, eine Führungskraft ist für die Einführung eines neuen Produkts verantwortlich. Anstatt das gesamte Projekt auf einmal anzugehen, wird es in kleinere Phasen oder Sprints unterteilt. Jeder Sprint hat eine festgelegte Zeitdauer, beispielsweise zwei Wochen, und ein klares Ziel sowie definierte Aufgaben, die während dieser Zeit bearbeitet werden müssen. Am Ende eines jeden Sprints wird eine Überprüfung durchgeführt, eine sogenannte Retrospektive, um den Fortschritt zu bewerten und gegebenenfalls Anpassungen vorzunehmen.

Das multidisziplinäre Team wird auch ermutigt, kontinuierlich neue Ideen und Verbesserungsvorschläge einzubringen. Diese Ideen werden in kurzen Arbeitszyklen evaluiert und priorisiert. Wenn eine Idee vielversprechend ist, wird sie in einem kleinen Pilotprojekt getestet, anstatt auf eine umfassende Implementierung zu warten. Dadurch kann die Führungskraft mit ihrem Team frühzeitig erkennen, ob eine Idee erfolgreich ist und sie bei Bedarf weiterentwickeln oder verwerfen.

Die Führungskraft und ihr Team berücksichtigen dabei auch kontinuierlich Kundenfeedback und Marktänderungen. Sie passen ihre Produktentwicklung entsprechend an, um den sich ändernden Anforderungen der Projektpartner und Kundenbedürfnissen gerecht zu werden. Dies ermöglicht es ihnen, schnell auf neue Trends und Veränderungen im Projektumfeld zu reagieren und innovative Lösungen zu liefern.

Die iterative Planung beinhaltet auch regelmäßige Überprüfungen und Anpassungen des Projektplans. Teams priorisieren kontinuierlich ihre Aufgabenliste basierend auf den sich ändernden Anforderungen oder den erreichten Meilensteinen. Dieser iterative Ansatz ermöglicht es, den Fortschritt des Projekts kontinuierlich zu überwachen und die Richtung je nach Bedarf anzupassen.

6.3   Fokus schaffen, Ablenkung reduzieren und Motivation stärken

„Mir fehlt der Fokus, um mich hinzusetzen und bei etwas dranzubleiben. So schiebe ich dann immer viele Berge vor mir her. Das ist echt anstrengend und nicht gerade hilfreich für eine übersichtliche Zeitplanung." (Frank M.)

Um in ihrer arbeitsreichen Umgebung produktiv zu sein und zu bleiben, müssen Führungskräfte einen klaren Fokus haben und aufrechterhalten. Dies ist jedoch gerade für Führungskräfte mit Scanner-Persönlichkeit sehr herausfordernd, da ihnen immer wieder neue „Geistesblitze" durch den Kopf schießen und sie sich leicht von attraktiven (selbst- oder fremdgenerierten) Ideen ablenken lassen. Hinzu kommen die üblichen allen nur zu gut bekannten – teilweise auch sehr willkommenen – Unterbrechungen durch Anfragen von Kollegen, Messenger-Nachrichten, Anrufe, Paketboten, …

Was vielseitigen Führungskräften mit Tausendsassa-Persönlichkeit in dieser Situation hilft, den Aufmerksamkeitsfokus beizubehalten und mit potenziellen Ablenkungen am Arbeitsplatz souverän umzugehen, um gleichermaßen effizient und effektiv zu arbeiten, habe ich in meiner langjährigen Coachingpraxis zusammengetragen.

Umgang mit Ablenkungen und Störungen am Arbeitsplatz
Generell ist der Alltag einer Führungskraft gekennzeichnet durch häufige Arbeitsunterbrechungen und den Anspruch, ständig erreichbar sein zu müssen (Regnet, 2014, S. 29). Um in dieser Situation fokussiert und konzentriert arbeiten zu können, ist daher eine Gestaltung des Arbeitsplatzes und -umfelds sinnvoll, die Ablenkungen minimiert. Sei es durch die physische Anordnung von Möbeln und ähnlichem, Nutzung von Noise-Cancelling-Technologien oder durch Zeit- und Raumgrenzen (siehe Checkliste im Kasten).

Ebenso ist es insbesondere für Führungskräfte mit Scanner-Persönlichkeit relevant, durch eine klare Kommunikation von Prioritäten und Verfügbarkeiten ihre Arbeitsumgebung zu gestalten. So minimieren sie externe Unterbrechungen und gewährleisten gleichzeitig eine angemessene Kommunikation.

Ist die Umgebung ablenkungsarm gestaltet, hilft ein strukturierter Tagesplan mit zeitlichen Blöcken für spezifische Aufgaben (siehe oben), die Produktivität zu steigern und den Fokus zu behalten. Zusätzlich sollten Manager To-Do-Listen bzw. elektronische Pendants dazu verwenden und feste Arbeitsroutinen etablieren, um sich besser zu organisieren und sicherzustellen, dass wichtige Aufgaben in einem vordefinierten Ablauf erledigt werden. Das reduziert auch die Gefahr von Ablenkungen.

In die Praxis – Checkliste, um Ablenkungen erfolgreich zu minimieren
Um die eigene Produktivität zu steigern und konzentriert an Aufgaben zu arbeiten, ist es wesentlich, Ablenkungen zu minimieren, wobei die folgenden Ideen helfen können:

- **Arbeitsumgebung optimieren:** Haben Sie Ihre Arbeitsumgebung so gestaltet, dass sie eine konzentrierte Arbeit fördert? Verwenden Sie beispielsweise Kopfhörer oder Ohrstöpsel, um Geräusche zu dämpfen, oder nutzen Sie Tools wie White-Noise-Apps, um störende Geräusche auszublenden.
- **Zeitblöcke für ungestörte Arbeit etablieren:** Haben Sie spezielle Zeitblöcke in Ihrem Zeitplan, in denen Sie ungestört arbeiten können? Führen Sie solche Fokuszeiten ein und teilen Sie Kollegen und Teammitgliedern mit, dass Sie in dieser Zeit nicht gestört werden möchten, es sei denn, es handelt sich um äußerst dringende Angelegenheiten, die keinen Aufschub dulden.

- **Verfügbarkeit einschränken:** Haben Sie klare Erwartungen bezüglich Ihrer Verfügbarkeit kommuniziert? Nutzen Sie Statusanzeigen in Chat-Anwendungen, um anzuzeigen, wenn Sie nicht gestört werden möchten, und planen Sie gezielte Zeiten für die Beantwortung von E-Mails oder Anrufen ein.
- **Kommunikationsregeln festlegen:** Haben Sie klare Kommunikationsregeln, die Ihr Team kennt? Erstellen Sie klare Regeln oder Kommunikationsrichtlinien für Ihr Team oder Ihre Kollegen, um festzulegen, wann und wie sie Sie kontaktieren können, insbesondere bei nicht dringenden Anfragen.
- **Konversationszeiten festlegen:** Haben Sie in Ihrem Zeitplan Slots für ungeplante und spontane Anfragen? Richten Sie bestimmte Zeiten ein, in denen Sie für spontane Gespräche oder Meetings zur Verfügung stehen, um Fragen zu klären oder kurzfristige Anliegen zu besprechen.
- **Nachrichten-Management anpassen:** Wie oft werden Sie von eingehenden Nachrichten und E-Mails abgelenkt? Reduzieren Sie die Häufigkeit, mit der Sie Ihre E-Mails und Nachrichten checken. Stellen Sie feste Zeiten im Laufe des Tages ein, um Ihre Nachrichten zu bearbeiten. Deaktivieren Sie auch Benachrichtigungen für neue E-Mails und Nachrichten. Was wirklich wichtig ist, gelangt rechtzeitig auf anderem Wege zu Ihnen!
- **Internetnutzung einschränken:** Wie oft werden Sie vom Internet abgelenkt? Falls das Internet für Ihre Arbeit vorübergehend nicht unbedingt erforderlich ist, können Sie es zeitweise deaktivieren oder Tools verwenden, die den Zugriff auf bestimmte Websites blockieren, um Ablenkungen zu minimieren. Es gibt Browser-Erweiterungen oder Apps, die dabei helfen.
- **Aufgaben priorisieren:** Bearbeiten Sie immer zuerst die relevantesten To-Dos? Priorisieren Sie Ihre Aufgaben und arbeiten Sie an den wichtigsten zuerst. So können Sie sicherstellen, dass Sie Ihre Zeit und Energie auf die zentralsten Aufgaben fokussieren, selbst wenn Ablenkungen auftreten.

Die Implementierung dieser Strategien erfordert ein gewisses Maß an Disziplin und Kommunikation, sowohl mit sich selbst als auch mit anderen. Ziel sollte sein, eine Arbeitsumgebung zu schaffen, die konzentrierte Arbeit ermöglicht und Ablenkungen auf ein Minimum reduziert.

Umgang mit der eigenen Unlust

Was können Scanner-Führungskräfte tun, wenn ihnen eine Aufgabe langweilig geworden ist – ein typisches Phänomen multitalentierter Menschen: Sie sind so lange mit Feuereifer bei einer Sache, wie sie ihnen interessant erscheint, wie sie etwas dabei lernen oder einen anderen Nutzen davon haben; danach wird es für sie jedoch schwer, weiterzumachen.

Dieser Nutzen ist wie der Nektar, den eine Biene trinkt, wenn sie von Blüte zu Blüte fliegt: Hat sie genügend Nektar getrunken, fliegt sie einfach zur nächsten Blüte, wo sie wieder trinkt und dann weiterfliegt zur nächsten Blüte usw. Was „genügend" ist, bestimmt sie dabei stets selbst! Multitalentierten Menschen wird häufig dann eine Aufgabe eintönig, wenn sie sie durchdrungen haben oder es dabei nichts mehr Neues für sie zu lernen gibt. Sie würden gerne „zur nächsten Blüte weiterfliegen". Das Problem ist dann meist nur: Die Aufgabe ist in der Regel noch nicht fertig erledigt.

Mein eigener Nektar ist zum Beispiel das „Verstehen". Ich bin so lange Feuer und Flamme für Aufgaben, wie ich das Gefühl habe, dass es dabei etwas Neues für mich zu verstehen gibt. Habe ich dann das Gefühl, es verstanden zu haben, wird es sehr unangenehm, diese Aufgaben weiter zu bearbeiten, Fach- oder Sachbücher zu Ende zu lesen, Projekte weiterzuführen, …

Vielseitige Menschen, die „ihren Nektar getrunken" haben und sich dann schwer damit tun, weiter an einer Aufgabe zu arbeiten, werden jedoch kritisch beäugt, denn „man hat" Dinge zu Ende zu führen, Projekte, Ausbildungen etc. abzuschließen. Für die multitalentierten Personen eine Qual, häufig ohne dass sie wissen, warum.

In dieser Situation hilft es, sich des eigenen Nektars bewusst zu werden (Fragen Sie sich dafür: Was ist es, das mich an einer Aufgabe reizt, das mich für Aufgaben motiviert?). So können Scanner-Führungskräfte viel gelassener damit umgehen, wenn sich das Gefühl der Langeweile oder Unlust einstellt. Sind es Aufgaben, die abgegeben werden können – beendet oder delegiert –, so ist an dieser Stelle spätestens der richtige Zeitpunkt dafür. Sollte dies nicht möglich sein, hilft es, kreativ zu werden und sich die Aufgabe so umzugestalten, dass sie wieder interessant wird, oder die Umgebung zu ändern, eine Challenge daraus zu machen, dabei Musik zu hören oder ähnliches.

Fokus stärken durch Achtsamkeit und Konzentrationsübungen
Um den eigenen Aufmerksamkeitsfokus zu stärken, also langfristig konzentrierter arbeiten zu können, helfen regelmäßig angewandte Achtsamkeits- und Konzentrationsübungen. Durch diese Praktiken verbessern vielseitige Führungskräfte ihre Fähigkeit, sich auf eine bestimmte Aufgabe zu konzentrieren, regelmäßig Pausen zu machen und insgesamt gesundheitsförderlicher und damit leistungsfähiger sowie zufriedener zu arbeiten. **„Achtsamkeit hilft mir, innezuhalten, Pausen zu machen, den Kopf freizukriegen. Das ist mir super wichtig für mein eigenes Wohlbefinden, denn die Führungsrolle soll ja auch Freude bereiten, Spaß machen und mich erfüllen. Dabei helfen mir Meditation, Yoga und Journaling, zum Beispiel Dankbarkeitsjournaling. Das erdet mich sehr gut."** (Johannes J.)

Wichtig ist dabei nicht, viel Achtsamkeit zu praktizieren, sondern regelmäßige Routinen zu etablieren. Es reichen schon kleine Einheiten, zum Beispiel ein regelmäßiges kurzes, aber tiefes Durchatmen, sich einmal strecken oder bewusst aufstehen (falls Sie nicht ohnehin an einem höhenverstellbaren Schreibtisch arbeiten, was aus verschiedener Hinsicht sehr zu empfehlen ist!). Diese kurzen Einheiten sollten unter keinen Umständen im „Eifer des Gefechts" also unter hoher Arbeitslast wegfallen, sondern am besten als Routine etabliert sein, zum Beispiel bei jedem Telefonat aufstehen, nach jeder geschriebenen Mail einmal durchatmen etc.

Motivation stärken durch Visualisierung
Auch Visualisierungstechniken, mit denen Führungskräfte ihre langfristigen Ziele und Meilensteine klar definieren, können dazu beitragen, den Aufmerksamkeitsfokus zu stärken, da klar definierte Ziele und Visionen ein großer Motivator sind, um kontinuierlich fokussiert an einer Aufgabe zu bleiben. Scanner, die dazu tendieren, vieles anzufangen und viele Projekte und Arbeitsstränge gleichzeitig zu haben, profitieren enorm von einer Visualisierung derselben, zum Beispiel mithilfe eines Vision Boards. Dies kann analog oder digital erfolgen, sollte jedoch in jedem Fall nicht nur imaginär bleiben.

6.4   Kanalisierung von Ideen für eine effektive Umsetzung

Vielseitige Führungskräfte sind oft mit einer Vielzahl an Ideen konfrontiert, die ihnen in den Kopf schießen oder die sie gerne umsetzen möchten: **„Als Tausendsassa habe ich sehr viele Ideen im Kopf, welche ich gerne in die Umsetzung bringen möchte. Täglich, stündlich, minütlich kommen neue Impulse hinzu."** (Daniel M.); **„Ich habe ein Feuerwerk von Gedanken und Ideen im Kopf und höre keine Podcasts, weil schon nach den ersten Minuten so viele neue Ideen einschießen. Ich schiebe vieles an, habe dann aber viele lose Enden"** (Frank M.). Wie multitalentierte Manager diese Ideenflut bewältigen können, sodass sie Ideen auch erfolgreich in die Umsetzung bringen, das schauen wir uns jetzt an.

Gerade Führungskräfte mit Tausendsassa-Persönlichkeit neigen dazu, viele Ideen zu produzieren und diese oft sofort und ungefiltert an ihre Mitarbeitenden weiterzugeben, was diese überfordert und auch ökonomisch nicht sinnvoll ist, denn nicht jede Idee hat großes Potenzial. Daher ist es sinnvoll, achtsam zu sein und nicht jede Idee, die kommt, verfolgen und umsetzen zu wollen.

Es hilft, jede Idee bzw. Impuls zunächst an einem zentralen – von überall aus zugänglichen – Ort zu sammeln (denn die besten Ideen kommen bekanntlich beim Spaziergang im Wald oder in der U-Bahn ...) und dann erst einmal einen Moment liegen zu lassen. Dafür bietet sich eine Handy-App an. Indem Führungskräfte ihre Ideen notieren, entlasten sie ihren Geist (Stichwort: Mental Load-Reduktion) und verhindern, dass Ideen verloren gehen. Dieser Prozess erlaubt es auch, dass Zeit verstreicht, was zuweilen förderlich ist, damit Ideen und Projekte reifen und sich weiterentwickeln oder als unsinnig herausstellen können, bevor weitere Ressourcen investiert werden.

Stellt sich die Idee nach einer gewissen Zeit als immer noch sinnvoll heraus, sollte sie die Führungskraft in einem Kreis vertrauenswürdiger (sic!) Personen zur offenen Diskussion bringen, um das Potenzial der Idee zu ergründen und zu entscheiden, ob, wann, von wem und unter welchen Umständen es sich lohnt, sie weiter zu verfolgen. Dabei können Methoden wie der Six Thinking Hats-Ansatz nach Edward de Bono, zu Deutsch „6-Hüte-Methode" (de Bono, 2017), oder die SWOT-Analyse nach Albert S. Humphrey aus den 1960er Jahren bei der Ideenbewertung helfen.

Lohnenswerte Ideen können dann in einem Ideenmanagement-System gespeichert werden. Solche Plattformen bzw. Software-Lösungen ermöglichen es, Ideen systematisch zu sammeln, zu bewerten und zu organisieren. Die Ideen sollten hierbei systematisch gescreent, gefiltert, sortiert und nach Geschäftszielen priorisiert werden mithilfe von Bewertungskriterien (zum Beispiel Relevanz, Machbarkeit, Auswirkungen und verfügbare Ressourcen) oder Methoden wie der Impact-Effort-Matrix (die Ideen nach Wirkung und Aufwand in vier Quadranten gliedert). Dabei geht es darum, Ideen an den übergeordneten Geschäftszielen auszurichten und jene umsetzbaren Ideen zu identifizieren, die den größten Nutzen oder die höchste Auswirkung auf die Unternehmensziele haben.

Zum Beispiel mithilfe der „Getting Things Done"-Methode (siehe Kasten) können die vielversprechendsten Ideen schließlich verlässlich in die Umsetzung gebracht werden. Um Ideen strukturiert umzusetzen, werden Roadmaps und Projektmanagementpläne verwendet mit klaren Zielen, Zeitplänen und Meilensteinen sowie Details und Angaben zu Ressourcenallokationen und Verantwortlichkeiten.

In die Praxis – Die „Getting Things Done"-Methode nach Allen (2015, vgl. auch GTD, 2024)

Die „Getting Things Done" (GTD)-Methode ist eine Produktivitätsmethode, die im Jahr 2001 vom Berater David Allen entwickelt wurde und Menschen dabei unterstützen soll, ihre Vielzahl an Ideen, Gedanken, Aufgaben und Projekten effektiv zu organisieren und zuverlässig durchzuführen. Sie ist daher sehr geeignet für Führungskräfte – gerade diejenigen mit Scanner-Persönlichkeit –, die sich mehr Struktur und Überblick wünschen.

Das Grundprinzip der GTD-Methode besteht darin, dass Sie alle Aufgaben, Ideen und Verpflichtungen aus dem Kopf in ein externes System übertragen, um Ihren Geist von unnötigem Stress und mentaler Überlastung zu befreien. Indem Sie alle Aufgaben auflisten, priorisieren und in handhabbare Aktionen unterteilen, erlangen Sie ein Gefühl der Kontrolle über die Arbeit zurück, reduzieren Stress und können konzentrierter arbeiten. Größere Aufgaben werden in kleine Schritte unterteilt und das Fortschreiten der Aufgaben wird regelmäßig kontrolliert.

Die fünf Steps der GTD-Methode:

1. **Sammeln („Capture"):** Notieren Sie zunächst alle Punkte, die Ihre Aufmerksamkeit erfordern oder welche Sie im Kopf behalten müssen – sei es eine Aufgabe, Idee, Verpflichtung oder eine bevorstehende Handlung. Dieser Step kann einige Zeit benötigen, wenn Sie die GTD-Methode erstmalig einführen, ist anschließend aber schnell erledigt, wenn Sie nur noch neue Punkte hinzufügen.

2. **Verarbeiten („Clarify"):** Untersuchen Sie in diesem Step nun alle einzelnen von Ihnen erfassten Punkte, indem Sie sich bei jedem Punkt fragen, ob konkrete umsetzbare Schritte möglich sind. Falls ja, benennen Sie diese Schritte (sog. „Projekt") bzw. den Schritt, falls es sich nur um einen einzigen Schritt handelt (sog. „Einzelaufgabe"). Falls nein, legen Sie den Punkt ab: entweder im Mülleimer, im Archiv (wenn er als Referenz für andere Punkte interessant sein könnte) oder auf einer „Irgendwann vielleicht"-Liste.

3. **Organisieren („Organize"):** Sortieren Sie nun die einzelnen Aufgaben und Aktionen bestimmten Listen zu. Diese sind das GTD-System. Die „Irgendwann vielleicht"-Liste haben Sie schon. Alle konkreten Schritte, die Sie im vorherigen Step formuliert haben, kommen nun auf unterschiedliche Listen:
   - In den „Terminkalender" tragen Sie alle konkreten Termine ein.
   - In die „Erinnerungsliste" tragen Sie alle Einzelaufgaben ein, die Sie delegieren wollen und deren Erledigung Sie nachhalten müssen.
   - In die „Aufgabenliste" tragen Sie alle verbleibenden Einzelaufgaben ein, eventuell sortiert nach Kontexten (Privates, Beruf, Freizeit, Familie o. ä.).
   - In die „Projektliste" tragen Sie alle Projekte ein, also alle Punkte, die mehrere Schritte umfassen. Diese Einzelschritte wiederum ordnen Sie dann einem Projekt-Terminkalender, einer Projekt-Erinnerungsliste bzw. einer Projekt-Aufgabenliste zu.

4. **Durchsehen („Reflect"):** Sichten Sie Ihr GTD-System, also die verschiedenen Listen und die darin festgehaltenen Schritte, und aktualisieren Sie es regelmäßig: den Terminkalender und die Aufgabenliste mindestens täglich, die Projektliste, „Vielleicht irgendwann"-Liste und Erinnerungsliste wöchentlich. Beurteilen Sie jeweils den Stand, notieren Sie neue, sich daraus ergebende Schritte und leiten Sie entsprechende Maßnahmen ein. Ebenso wiederholen Sie Step 1 und 2 einmal am Tag: sammeln, verarbeiten und organisieren also neue Ideen, Aufgaben, Gedanken.

5. **Erledigen („Engage"):** Erledigen Sie nun die identifizierten Schritte und arbeiten Sie sie sukzessive ab. Dabei sieht die GTD-Methode vier Kriterien vor, anhand derer Sie beurteilen können, welche Aufgaben Sie sinnvollerweise als Nächstes erledigen: Kontext, verfügbare Zeit, Energieressourcen und Priorität.

Vor allem, wenn Sie die GTD-Methode im letzten Step mit Priorisierungsmethoden, wie der Eisenhower-Matrix, verknüpfen und automatisiert Erinnerungen zu den einzelnen Schritten bekommen, sobald sie fällig werden, können Sie Ihre Produktivität und Verlässlichkeit steigern.

Personen, die zu wenige Ideen haben, können mithilfe von Kreativitätstechniken wie Mind Mapping nach Tony Buzan (1977), Reverse Brainstorming nach Charles S. Whiting (1958), Rolestorming nach Rick E. Griggs (VanGundy, 1985), oder der Walt-Disney-Methode nach Robert B. Dilts (1994) Ideen generieren, filtern und strukturieren.

6.5 Wie Coaching beim Aufbau von Produktivität unterstützt

Qualifiziertes Business Coaching kann eine wertvolle Ergänzung sein, um vielseitige Manager und Führungskräfte dabei zu unterstützen, ihre Produktivität zu steigern und ihre vielfältigen Aufgaben erfolgreich und nachhaltig zu bewältigen. Denn der Aufbau von Produktivität und die Umsetzung eines effektiven Selbstmanagements, insbesondere für vielseitige Manager und Führungskräfte, erfordern oft mehr als nur das Wissen um effektive Techniken und Methoden. Coaching kann hier eine wichtige Rolle spielen, indem es vielseitige Führungskräfte dabei unterstützt, die für sie individuell passenden Methoden zu erarbeiten, Hürden bei der Umsetzung zu identifizieren und zu überwinden, dranzubleiben und diese Techniken damit nachhaltig in die Praxis umzusetzen (vgl. Kap. 8).

Ein Coach hilft der Führungskraft beispielsweise dabei, individuell passende und für sie funktionierende Strategien zu entwickeln, um die Ideenflut zu bewältigen und effektive Prioritäten zu setzen; die richtigen Zeitmanagement- und Selbstorganisationsmethoden zu finden und auszuwählen, um den Arbeitsalltag effizient zu strukturieren und den Fokus auf die wichtigsten Aufgaben zu richten; Arbeitsroutinen zu hinterfragen und/oder zu etablieren, um einen klaren Arbeitsablauf zu schaffen und Ablenkungen zu minimieren; passende Methoden und Übungen auszuwählen, um die Fähigkeit zur längeren Konzentration zu verbessern.

Die Vorteile einer Begleitung durch einen professionellen Coach bei diesem Prozess gegenüber einem Training oder der Aneignung dieser Fähigkeiten im Selbststudium sind, dass im Coaching maßgeschneiderte individuelle Lösungen entwickelt werden können und eine gewisse Verpflichtung entsteht. Die Führungskraft „muss" dranbleiben und mitmachen. Dies ist oft auch ein Wunsch der Führungskräfte an ihre Coaches: dass sie als erhobener Zeigefinger und Erinnerungstool dienen (vgl. Kap. 9). Darüber hinaus dienen Coaches als Motivatoren und Strukturierungshilfe, wenn die Führungskraft die Anzahl an Möglichkeiten, Themen, Ideen, Projekten, Zuständigkeiten oder Aufgaben allein nicht mehr überblickt.

An dieser Stelle ist es wichtig, ein auf Scanner-Führungskräfte spezialisierten Coach an der Seite zu haben, der die diesbezüglichen spezifischen Schwierigkeiten dieser Führungskräfte kennt und für sie hilfreiche Interventionen und Unterstützungsmöglichkeiten anwenden kann (siehe Kap. 9). Ein funktionierendes Selbst-, Zeit- und Energiemanagement sieht für Führungskräfte mit Scanner-Persönlichkeit anders aus als für Menschen ohne Scanner-Persönlichkeit! Und sie benötigen spezifische Strategien und Herangehensweisen für eine effektive Produktivität.

Literatur

Allen, D. (2015). *Getting things done: The art of stress-free productivity.* Penguin.
Buzan, T. (1977). *How to make the most of your mind.* Colt Books.
Cirillo, F. (2009). *The Pomodoro technique.* Lulu.
Covey, S. R. (1989). *The seven habits of highly effective people.* Simon and Schuster.
de Bono, E. (2017). *Six thinking hats: The multi-million bestselling guide to running better meetings and making faster decisions.* Penguin.
Dilts, R. B. (1994). *Strategies of genius, volume I: Aristotle, Sherlock Holmes, Walt Disney, Wolfgang Amadeus Mozart.* Meta Publications.
GTD. (2024). *What is GTD – getting things done®.* https://gettingthingsdone.com/what-is-gtd/. Zugegriffen am 06.09.2024.
Hobson, J., & Beach, J. R. (2000). An investigation of the relationship between psychological health and workload among managers. *Occupational Medicine, 50*(7), 518–522.
Martin, J. (1991). *Rapid application development.* Macmillan Publishing.
Pourjali, F., & Zarnaghash, M. (2010). Relationships between assertiveness and the power of saying no with mental health among undergraduate student. *Procedia – Social and Behavioral Sciences, 9,* 137–141.
Regnet, E. (2014). Der Weg in die Zukunft – Anforderungen an die Führungskraft. In L. Rosenstiel, E. Regnet, & M. E. Domsch (Hrsg.), *Führung von Mitarbeitern: Handbuch für erfolgreiches Personalmanagement* (S. 29–45). Schäffer-Poeschel.
Schwaber, K. (2004). *Agile project management with scrum.* Pearson Education.
Seiwert, L. J. (2002). *Das neue 1 x 1 des Zeitmanagements.* Gräfe & Unzer.
Seiwert, L. J. (2018). *Wenn Du es eilig hast, gehe langsam.* Campus.
Sinek, S. (2009). *Start with why.* Penguin.
VanGundy, A. B. (1985). *101 activities for teaching creativity and problem solving.* Wiley.
Whiting, C. S. (1958). *Creative thinking.* Reinhold Publishing Corporation.

Resilienz, Work-Life-Balance und Stressmanagement

Führungskräfte stehen heute vor zahlreichen Herausforderungen, die sowohl ihre berufliche Leistungsfähigkeit als auch ihr persönliches Wohlbefinden beeinflussen, darunter hoher Arbeitsdruck, schnelle Taktung, große Informationsflut und komplexe Anforderungen.

Um diesen Herausforderungen zu begegnen und langfristig gesund und leistungsfähig zu bleiben, benötigen vielseitige Manager mit Scanner-Persönlichkeit u. a. eine hohe Resilienz, eine gute Work-Life-Balance und wirksame Strategien zur Stressbewältigung.

Ich werde in diesem Kapitel erklären, wie Resilienz vielseitigen Führungskräften hilft, besser mit Widrigkeiten umzugehen, warum eine ausgewogene Balance zwischen verschiedenen Lebensbereichen wichtig ist und welche Strategien zur Stressbewältigung für vielseitige Manager besonders hilfreich sind. Es werden dabei sowohl theoretische als auch praktische Ansätze vorgestellt und die Rolle von Business Coaching für Resilienzförderung, Work-Life-Balance und Stressmanagement dargelegt.

7.1 Die Förderung der persönlichen Resilienz als Führungskraft

Resilienz bezogen auf Personen bezeichnet die Fähigkeit eines Individuums, auf Herausforderungen des Lebens, wie Stress und Rückschläge, konstruktiv zu reagieren. Dabei beeinflusst jedes Lebensereignis die Resilienzfähigkeit eines Individuums: Resilienz ist also keine statische Eigenschaft, sondern ein dynamischer Prozess.

S. Gierhan, *Führungskräfte-Coaching für vielseitige Manager*, https://doi.org/10.1007/978-3-658-47220-7_7

Für vielseitige Führungskräfte, also Führungskräfte mit Scanner-Persönlichkeit, die eine breite Palette von Interessen, Fähigkeiten und zumeist auch Projekten und Aufgaben haben, ist Resilienz von besonderer Bedeutung, denn eine hohe Resilienz ermöglicht es ihnen, die Vielfalt ihrer Aufgaben, Projekte und Rollen nicht nur erfolgreich zu meistern, sondern dabei auch gelassen und lebensfroh zu bleiben und sich nicht von der Vielzahl ihrer Ideen und Aktivitäten oder hinzukommender Lebensherausforderungen überrollen zu lassen. Zudem konnte gezeigt werden, dass Resilienz – der Führungskraft und der Mitarbeitenden – gerade in der aktuellen Arbeitswelt ein wichtiger Faktor für erfolgreiche Führung ist (Rolfe, 2019).

Faktoren der Resilienz

Wie gut die eigene Resilienz ist, wird durch mehrere Faktoren bestimmt, wobei in der Regel übereinstimmend die folgenden sieben in verschiedenen Bezeichnungen und Spielweisen genannt werden: Selbstwirksamkeit, Optimismus, Akzeptanz, Eigenverantwortung, Lösungs-, Zukunfts- und Netzwerkorientierung (siehe Kasten).

Die 7 Resilienzfaktoren nach Jutta Heller (2013)

- **Selbstwirksamkeit:** der Glaube an die eigenen Fähigkeiten, Herausforderungen erfolgreich zu meistern und Ziele zu erreichen
- **Optimismus:** eine grundsätzlich positive Einstellung, die hilft, Herausforderungen als Gelegenheiten zum Wachstum zu sehen
- Akzeptanz: die Fähigkeit, die Realität, insbesondere unveränderliche Umstände, anzuerkennen und sich anzupassen, statt gegen sie anzukämpfen
- Eigenverantwortung: das Bewusstsein und die Übernahme von Verantwortung für das eigene Leben und Handeln, einschließlich der Konsequenzen eigener Entscheidungen, im Gegensatz zum Verharren in einer Opferrolle
- Lösungsorientierung: die Ausrichtung auf Lösungen statt auf Probleme
- Zukunftsorientierung: die Ausrichtung auf zukünftige Ziele und Möglichkeiten, gepaart mit der Planung und Vorbereitung auf kommende Herausforderungen, statt gedanklich in der Vergangenheit und „Was wäre gewesen, wenn"-Szenarien zu verweilen
- **Netzwerkorientierung:** die Ausrichtung auf den Aufbau und die Pflege eines starken beruflichen und privaten sozialen Netzwerks

Multitalentierte Führungskräfte denken in der Regel aufgrund ihres Persönlichkeitsmerkmals lösungsorientiert, weswegen der Resilienzfaktor „Lösungsorientierung" bei ihnen tendenziell hoch ausgeprägt ist. Ein besonderes Augenmerk sollten sie jedoch auf die Resilienzfaktoren „Selbstwirksamkeit", „Optimismus", „Zukunftsorientierung" und „Netzwerkorientierung" legen, denn bei diesen Faktoren haben Scanner-Führungskräfte aufgrund ihrer Persönlichkeitsstruktur häufig einen großen Nachholbedarf bzw. ein breites Lernfeld. (Die Ausprägung der Faktoren „Akzeptanz" und „Eigenverantwortung" sind unabhängig vom Persönlichkeitstypus „Scanner-Persönlichkeit" zu sehen.)

Eine hoch ausgeprägte **Selbstwirksamkeit** ist für Führungskräfte mit Scanner-Persönlichkeit besonders hilfreich, da sie oft eine Vielzahl unterschiedlicher Projekte und Interessen gleichzeitig managen müssen, gepaart mit einem meist hohen Anspruch an die Ergebnisse und eigenen Leistungen. Ein ausgeprägtes Gefühl der Selbstwirksamkeit verleiht ihnen hier das Vertrauen in ihre eigenen Fähigkeiten, sowohl in der Entscheidungsfindung als auch in der erfolgreichen und ergebnisunabhängigen Bewältigung dieser vielfältigen Aufgaben. Dieses Vertrauen in die eigenen Fähigkeiten ist wichtig, um motiviert zu bleiben, um Selbstzweifel zu vermeiden und um Durchhaltevermögen zu haben. Ein hohes Selbstwirksamkeitsempfinden ermöglicht es den Führungskräften, sich auf ihre Kompetenzen zu verlassen und auch in herausfordernden Zeiten handlungsfähig und effektiv zu bleiben, was für ihre Rolle als Führungsperson unerlässlich ist.

Auch der Faktor **Optimismus** ist für multitalentierte Führungskräfte besonders relevant, da sie aufgrund ihrer vielfältigen Aufgaben häufig mit unvorhergesehenen Herausforderungen und Hindernissen konfrontiert sind. Eine optimistische Grundhaltung hilft ihnen, diese Herausforderungen als Chancen für persönliches Wachstum und Lernen zu betrachten, anstatt sich von Rückschlägen entmutigen zu lassen. Zugleich spielt Optimismus eine wesentliche Rolle in ihrem Führungsverhalten, weil er für ihre Mitarbeitenden inspirierend wirkt und zur Schaffung eines positiven Arbeitsumfelds beiträgt. Ein gesunder Optimismus ermöglicht es ihnen, auch in schwierigen Zeiten und über längere Zeit hinweg selbst motiviert zu bleiben und diese Motivation auf ihre Teams zu übertragen (Olofsson & Frintrup, 2017, S. 488).

Für vielseitige Manager ist auch die **Zukunftsorientierung** ein wichtiger Resilienzfaktor, denn ihre Tendenz, sich in viele Richtungen gleichzeitig zu entwickeln, macht es umso wichtiger, eine klare Vision für die Zukunft zu haben, um Fokus und Richtung beizubehalten. Diese Fähigkeit, vorausschauend zu planen und sich auf zukünftige Entwicklungen vorzubereiten, ist nicht nur für ihre persönliche Karriereentwicklung wesentlich, sondern auch, um das Unternehmen strategisch voranzubringen.

Für vielseitige Führungskräfte und generell für Menschen in Führungspositionen ist zudem die **Netzwerkorientierung** ein wesentlicher Faktor, da sie hierüber Zugang zu vielfältigen Ressourcen, Wissen, innovativen Ideen und Unterstützung erhalten und sich in Krisenphasen unterstützt, gehalten und getragen fühlen. Vor allem Personen, die zu Introvertiertheit und/oder sozialem Rückzug neigen, sollten hierauf ein besonderes Augenmerk haben und die Relevanz dieses Faktors nicht zu gering einschätzen.

Für vielseitige Führungskräfte ist es also wesentlich, besonders diese vier Resilienzfaktoren im Auge zu haben und an der Stärkung dieser Variablen zu arbeiten, wenn sie resilienter werden wollen.

Stärkung der Resilienz

Die Resilienz zu stärken, ist ein proaktiver Prozess, der bewusste Anstrengung und Engagement erfordert, auch über einen längeren Zeitraum hinweg. Für vielseitige Führungskräfte sind folgende Techniken und Mindsets dabei besonders effektiv (siehe Kasten für konkrete Schritte):

- **Achtsamkeit:** Achtsamkeitsübungen, wie Meditation, achtsames Atmen, achtsames Gehen oder achtsames Essen, können Stress reduzieren und die emotionale Regulation verbessern (vgl. Kap. 6).
- **Grenzsetzung:** Klare Grenzen zu setzen, hilft, Überforderung zu vermeiden und sich auf das Wesentliche zu konzentrieren.
- **Positives Framing:** Herausforderungen im Nachgang bewusst positiv zu framen und sie als Lerngelegenheiten anstatt als Schicksalsschläge zu betrachten, fördert eine optimistische und lösungsorientierte Haltung.
- **Selbstreflexion:** Regelmäßige Selbstreflexion zum Beispiel im Hinblick darauf, wie gut die Faktoren „Akzeptanz", „Lösungsorientierung", „Zukunftsorientierung" und „Netzwerkorientierung" ausgeprägt sind, hilft, eigene Bedürfnisse, Emotionen und Reaktionen besser zu verstehen und bewusst zu steuern sowie die Resilienzfaktoren zu stärken.
- **Netzwerkaufbau:** Ein berufliches und privates Netzwerk aufzubauen, verschafft nicht nur ganz konkrete Ressourcen, wie Personen, die im Akutfall unterstützen können, sondern ermöglicht auch unterschiedliche Perspektiven auf Herausforderungen.

Für vielseitige Führungskräfte ist die Entwicklung von Resilienz unerlässlich, um den vielfältigen Anforderungen ihres Berufslebens gerecht zu werden und aus Herausforderungen gestärkt hervorzugehen. Durch die Anwendung der im Kasten genannten spezifischen Techniken und die Pflege eines resilienten Mindsets können sie ihre Potenziale voll ausschöpfen und in die Gesellschaft einbringen und sowohl beruflich als auch persönlich wachsen.

In die Praxis – Konkrete Möglichkeiten zur Resilienzstärkung

1. Achtsamkeit:
   - Beginnen Sie Ihren Tag mit einer kurzen Meditation oder Atemübung, um sich zu zentrieren und auf den Tag vorzubereiten.
   - Nutzen Sie achtsame Pausen während des Tages, um sich zu erden. Das kann so einfach sein wie ein bewusstes, tiefes Atmen für ein paar Minuten, oder eine Treppe jedes Mal bewusst zu nehmen.

- Praktizieren Sie achtsames Zuhören in Meetings und Gesprächen, indem Sie Ihre volle Aufmerksamkeit dem Gesprächspartner widmen, ohne voreilig zu urteilen oder zu antworten oder von Handy, Smart-Watch, Computer o. ä. abgelenkt zu sein.

2. Grenzsetzung:
   - Setzen Sie klare Grenzen, indem Sie Aufgaben delegieren oder ablehnen, wenn Ihr Zeitplan überlastet ist. Priorisieren Sie dabei Aufgaben, die für die von Ihnen und dem Unternehmen gesetzten Ziele am wichtigsten sind.
   - Schaffen Sie regelmäßige Pausen in Ihrem Arbeitstag, um Überlastung zu vermeiden. Nutzen Sie diese Pausen, um sich zu erholen und neue Energie zu tanken.
   - Kommunizieren Sie Ihre Grenzen klar und respektvoll gegenüber Kollegen und Vorgesetzten. Sagen Sie beispielsweise: „Ich schaffe es nicht, das bis zum Ende des Tages zu erledigen, aber ich kann es bis morgen Mittag abschließen."

3. Positives Framing:
   - Bei Herausforderungen fragen Sie sich: „Was kann ich aus dieser Situation lernen?" und „Wie kann diese Erfahrung zu meiner Entwicklung beitragen?"
   - Ersetzen Sie negative Selbstgespräche durch positive Bestätigungen. Statt zu denken „Das kann ich nicht", versuchen Sie „Ich werde herausfinden, wie ich das bewältigen kann".
   - Feiern Sie Ihre Erfolge, egal wie klein sie sind, und erkennen Sie die Anstrengungen Ihres Teams an.

4. Selbstreflexion:
   - Nehmen Sie sich täglich Zeit, um über Ihre Erlebnisse, Einstellungen und Gefühle zu reflektieren. Dies kann zu Beginn des Tages sein oder am Tagesende, um zu überlegen, was gut lief und was verbessert werden könnte.
   - Führen Sie ein Tagebuch, in dem Sie Ihre Gedanken, Empfindungen und Gefühle festhalten. Dies hilft Ihnen, Muster in Ihrem Verhalten zu erkennen und bewusst anzugehen.
   - Stellen Sie sich regelmäßig Fragen wie: „Was hat heute meine Energie erhöht bzw. gesenkt?" oder „Wie habe ich auf bestimmte Situationen reagiert und warum?"

5. Netzwerkaufbau:
- Nehmen Sie regelmäßig an Branchenveranstaltungen, Konferenzen oder Arbeitsgruppen teil, um Ihr professionelles Netzwerk zu erweitern.
- Pflegen Sie bestehende Beziehungen, indem Sie regelmäßig nach Updates fragen und Unterstützung anbieten, wo sinnvoll.
- Erstellen und nutzen Sie LinkedIn oder andere berufliche Netzwerkplattformen, um Verbindungen aufzubauen und Wissen zu teilen.

Wenn Sie eine Auswahl dieser Handlungen regelmäßig in Ihren Arbeitsalltag integrieren, können Sie Ihre Resilienzfaktoren sukzessive stärken und effektiver und gesünder mit Ihren Herausforderungen als Führungskraft umgehen.

7.2   Wie Führungskräfte ein Gleichgewicht zwischen Arbeit und Leben finden

Work-Life-Balance beschreibt das Streben nach einem harmonischen Gleichgewicht zwischen beruflichen Verpflichtungen und persönlichem Leben. Bei Führungskräften mit Scanner-Persönlichkeit, die an vielen berufsbezogenen Themen auch persönlich interessiert sind, kann die traditionelle Trennung zwischen „Work" und „Life" schnell verschwimmen.

Diese Führungskräfte nehmen dann arbeitsbezogene Themen mit in ihre Freizeit, auch wenn es „nur" im Kopf ist. Probleme und Fragestellungen werden gedanklich auch nach Feierabend weiter gewälzt. Zudem sind multitalentierte Personen oft an einer hohen Qualität ihrer Ergebnisse interessiert, da sie sensibel für Fehler sind, in der Regel über eine überdurchschnittliche Intelligenz verfügen und einen hohen Anspruch haben. Dies kann dazu beitragen, dass vielseitige Manager ihre Arbeitszeit regelmäßig überschreiten und auch abends oder am Wochenende für den Arbeitgeber aktiv werden. Gleichzeitig haben sie oft so viele Interessen und private Aktivitäten, die sie persönlich erfüllen und die sie gerne ausführen möchten, dass der Arbeits- und Freizeitbereich in Konflikt geraten und miteinander um die begrenzte Zeit buhlen, wobei oft noch familiäre Verpflichtungen hinzukommen.

Hier wird das Konzept der „Life-Domain-Balance" (vgl. Ulich & Wiese, 2011) relevant, welches nicht auf eine Balance von Arbeit und Freizeit als getrennte Bereiche fokussiert, sondern die Integration verschiedener Lebensbereiche – wie Selbstverwirklichung, Familie, Beruf, Spiritualität, Musik usw. – betont. Ziel dabei ist, eine harmonische Integration zu finden, die sowohl die beruflichen Ambitionen und Erfolge als auch die persönlichen Interessen und Leidenschaften einer Person sowie ihre Gesundheit umfasst. Damit Scanner-Persönlichkeiten in Führungspositionen langfristig leistungsfähig und zufrieden sind, ist es relevant, eine Lebens- und Arbeitsweise zu finden, die ihrer Vielseitigkeit gerecht wird. Eine ausgewogene Life-Domain-Balance bzw. -Integration ermöglicht es ihnen, ihre verschiedenen Talente und Leidenschaften auszuleben, ohne sich überfordert oder ausgebrannt zu fühlen.

Folgende Strategien können vielseitige Führungskräfte anwenden, um eine gute Life-Domain-Balance zu erreichen:

- **Definieren klarer Prioritäten:** Erfolgreiches Life-Domain-Balance-Management beginnt mit der Suche nach dem persönlichen roten Faden, dem Tausendsassa-Fokus (vgl. Kap. 7), und der Festlegung klarer Prioritäten auf dieser Grundlage, die sowohl berufliche Ziele als auch persönliche Interessen berücksichtigen. Dies ermöglicht es der Scanner-Führungskraft, Zeit und Energie effektiv zu allokieren, und Entscheidungen zu treffen, die auf diesen Prioritäten fußen. Ein klarer Fokus und klare Prioritäten befähigen die vielseitige Führungskraft auch dazu, gegebenenfalls „Nein" zu sagen sowie klare Grenzen zu setzen bzw. zu kommunizieren und so Überlastung zu vermeiden.
- **Integration statt Trennung:** Berufliche und persönliche Interessen sind – gerade bei multitalentierten Führungskräften – oft miteinander verwoben. Ist eine strikte Trennung also nicht möglich, sollten möglichst Synergien gebildet werden zwischen den verschiedenen Lebensbereichen, wobei gleichzeitig bewusste Freiräume für das Abschalten von der Arbeit in der Freizeit geschaffen werden müssen, denn von der Arbeit abschalten zu können ist ein wesentlicher Faktor für Wohlbefinden, gute Erholung und mithin Stressreduktion (Sonnentag & Bayer, 2005).
- **Freizeit und Hobbys:** Um eine gesunde Life-Domain-Balance herzustellen, ist es ratsam, dass Führungskräfte bewusst Zeit für Aktivitäten außerhalb der Arbeit reservieren, die ihnen Freude bereiten, wie Hobbys, Sport oder kulturelle Aktivitäten, um den Geist zu entspannen, sich zu erholen und neue Perspektiven zu gewinnen.
- **Setzen technologischer Grenzen:** In unserer hoch digitalisierten Welt ist es wichtig, sich bewusst Pausen von E-Mails, Nachrichten, Apps und allgemein digitalen Geräten zu nehmen. Führungskräfte können dafür spezifische Zeiten festlegen, in denen sie offline sind, um sich der Familie, Freunden oder persönlichen Interessen zu widmen, und sollten das Ausschalten automatisierter Benachrichtigungen für neue E-Mails oder berufliche Nachrichten auf dem Handy erwägen (vgl. Kap. 6).

- **Abgeben von Aufgaben:** Aufgaben an kompetente Team- oder Familienmitglieder oder externe Dienstleister (wie Putzkräfte, Kinderbetreuer, IT-Spezialisten etc.) abzugeben sowie weniger relevante Aufgaben auch restlos zu streichen, ist eine weitere Möglichkeit, um Überlastung zu vermeiden (vgl. Kap. 5). Sollte man nicht loslassen können, hilft es, sich zu fragen, welche Angst dahintersteckt. Es ist dann eine gute Idee, das Abgeben und seine Konsequenzen in kleinen Schritten bei kleinen Aufgaben zu testen.

- **Pflege der physischen und psychischen Gesundheit:** Regelmäßige körperliche Aktivität, eine gesunde Ernährung und ausreichend Schlaf sind die Grundlage, um physisch und psychisch gesund zu bleiben. Nicht in jeder Lebens- und Arbeitsphase ist dies zur vollen Zufriedenheit möglich. Vielseitige Führungskräfte sollten sich jedoch vor Augen führen, dass eine Vernachlässigung dieser Faktoren langfristig dazu führt, dass sie gar nicht mehr leistungsfähig sind. Insofern sollten Führungskräfte wenigstens kurze Einheiten oder gelegentlich längere (zum Beispiel zweimal die Woche) in Betracht ziehen, um Sport zu machen, Meditation oder Yoga zu praktizieren, die Mittagspause bewusst zu gestalten oder eine Atemübung durchzuführen. Dabei ist es immer besser, überhaupt etwas davon zu machen, als gar nichts. Und wenn das eine gerade nicht funktioniert, wenigstens genug zu schlafen oder gesund zu essen oder sich zu bewegen.

Durch die Berücksichtigung dieser Strategien können Führungskräfte mit Scanner-Persönlichkeit eine Balance schaffen, die sowohl ihren beruflichen Erfolg als auch ihre persönliche Erfüllung unterstützt. Eine solche Balance fördert nicht nur ihre eigene Zufriedenheit und Leistungsfähigkeit, sondern dient auch als Vorbild für ihre Teams und fördert ein gesundes Arbeitsklima.

Sozialkontakte, sowohl beruflich als auch privat, unterstützen die Führungskraft wesentlich bei der Umsetzung der vorgenannten Strategien (Cohen & Wills, 1985). Dieses Netzwerk kann aus Familie, Freunden, Kollegen oder professionellen Beratern bestehen und ermöglicht den Austausch mit Gleichgesinnten, die ähnliche Herausforderungen bewältigen. Professionelle Business Coaches sind über Ratschläge erteilen hinaus in der Lage, den Fortschritt nachzuhalten und es den Führungskräften zu ermöglichen, die Strategien dergestalt anzupassen und umzusetzen, dass sie individuell am wirksamsten sind und nachhaltig funktionieren.

7.3   Strategien zur Stressbewältigung für vielseitige Manager

Stress wird allgemein definiert als die Reaktion des Körpers auf jegliche Art von Anforderung oder Herausforderung, die als belastend empfunden wird bzw. das innere Gleichgewicht einer Person stört (Fink, 2010). Diese Reaktion kann physisch, mental oder emotional sein bzw. eine Kombination daraus, und wird gezeigt, wenn eine Person mit einer Situation konfrontiert wird, die sie als herausfordernd oder überwältigend empfindet. Stress entsteht dann, wenn es eine Diskrepanz gibt zwischen den wahrgenommenen Anforderungen einer Situation und den verfügbaren Ressourcen zur Bewältigung dieser Anforderungen. Er kann sowohl durch positive Ereignisse (wie eine Beförderung oder eine Hochzeit) als auch durch negative (wie Arbeitsüberlastung oder familiäre Probleme) ausgelöst werden.

Kurzfristig kann Stress eine hilfreiche Reaktion sein, die sowohl die Leistung als auch die Reaktionsfähigkeit steigert. Langfristiger bzw. chronischer Stress hat jedoch deutliche negative Auswirkungen auf das Wohlbefinden und führt vor allem mit zunehmendem Alter zu erheblichen Leistungs- und Gesundheitseinbußen, wie Burnout oder Depression, manifeste Schlafstörungen, Herz-, Haut- oder Magen-Probleme, neurologische, vaskuläre oder kardiologische Erkrankungen: Laut der Stressstudie der Techniker Krankenkasse aus dem Jahr 2021 leiden 80 % der häufig gestressten Personen unter Erschöpfung und Ausgebranntsein, 74 % unter Muskelverspannungen oder Rückenschmerzen, 62 % unter Nervosität bzw. Gereiztheit, 52 % unter Schlafproblemen bzw. -störungen, 40 % unter Kopfschmerzen bzw. Migräne und 34 % unter einer niedergedrückten Stimmung bzw. Depressionen (Meyer et al., 2021).

Führungskräfte tragen eine große Verantwortung, müssen komplexe Entscheidungen unter Unsicherheit und Zeitdruck treffen und sehen sich dem Druck ausgesetzt, die Erwartungen von Stakeholdern zu erfüllen, auch im eigenen Betrieb (vgl. Regnet, 2014, S. 29). Diese Herausforderungen und Anforderungen bezüglich Mitarbeiterführung und Management kombiniert mit dem Bedürfnis, eine ausgewogene Work-Life-Balance zu haben, können leicht – vor allem in Summe – zu Stressoren werden und Stress verursachen.

Aufgrund ihrer vielfältigen Interessen und dem ständigen Streben nach neuen Herausforderungen, teils kombiniert mit einer weniger gut ausgeprägten Fähigkeit zur Selbststrukturierung oder hinderlichen Überzeugungen, sind besonders Menschen mit Scanner-Persönlichkeit anfällig für Stress. Ihre Tendenz, sich in eine Vielzahl von Projekten zu vertiefen und ständig neue Ideen zu haben, kann zu Überlastung und Konflikten zwischen verschiedenen Verpflichtungen führen. Darüber hinaus vertiefen sich Menschen mit Scanner-Persönlichkeit häufig so sehr in ihre Projekte und Aufgaben – wenn sie sie fesseln – und arbeiten dann sehr dicht und effizient, dass sie darüber vergessen, für Erholung zu sorgen und ein angemessenes Arbeitspensum einzuhalten. Sie übertreten ihre körperlichen Grenzen. Hinzu kommen bei Personen mit Scanner-Persönlichkeit ein guter Blick für Fehler und oftmals ein hoher eigener Anspruch, was zu Perfektionismus führen kann: Man möchte es gerne richtig und sehr gut machen und gibt sich nicht gern mit wenig Perfektem zufrieden. Frank M.: **„Manchmal bleibe ich in Entscheidungen stecken, weil ich das Beste will, ein Perfektionist bin und mich zu Tode recher-**

chiere." Zusätzlich üben vielseitige Führungskräfte häufig selbst hohen Druck auf sich aus, induzieren sich selbst also Stress, um ihre Ziele zu erreichen und Ansprüchen zu genügen oder weil sie Überzeugungen in sich tragen, die solch eine Verhaltensweise begünstigen (zum Beispiel: „Ich bin nicht gut genug.", „Ich gehöre nicht dazu.", „Ich muss alles kontrollieren.").

Um langfristig effektiv sowie erfolgreich zu bleiben und gesund zu sein, ist es daher äußerst wichtig, dass vielseitige Führungskräfte effektive Stressmanagement-Techniken entwickeln und anwenden, die auf ihre besonderen Bedürfnisse zugeschnitten sind. Aus meiner Ausbildung zur multimodalen Stressmanagement- sowie Resilienztrainerin und aus meiner Coachingpraxis habe ich hier die wichtigsten Techniken zusammengetragen.

Ich folge dabei der Klassifizierung des „Stress-Papstes" Gert Kaluza (2018, S. 92–99), der drei Arten des möglichen Stressmanagements unterscheidet:

1. **Instrumentelles Stressmanagement:** Dieser Stressmanagement-Ansatz fokussiert sich auf die Veränderung der äußeren Bedingungen, die Stress verursachen. Dabei werden zum Beispiel die Arbeitsumgebung aktiv angepasst oder Arbeitsprozesse verändert (siehe auch Kasten). Umsetzungsmöglichkeiten:
   - Eine vielseitige Führungskraft kann ihre Arbeitsprozesse optimieren, indem sie Aufgaben delegiert, die nicht ihrer Kernkompetenz entsprechen (vgl. Kap. 5), zum Beispiel bestimmte administrative Aufgaben an Assistenzkräfte oder ein Projekt an ein Teammitglied mit spezifischen Fachkenntnissen.
   - Es ist zudem empfehlenswert, dass die Führungskraft ihren E-Mail-Posteingang regelmäßig leer hält und dafür sorgt, dass sie eingehende Mails zeitnah bearbeitet und abgearbeitet in Unterordner verschiebt, sodass ihr Posteingang übersichtlich und bewältigbar bleibt.
   - Eine weitere Möglichkeit, um instrumentelles Stressmanagement in die Praxis umzusetzen, ist, Fokuszeiten im Kalender einzutragen, zu denen die Führungskraft nicht gestört werden darf, um ein konzentriertes vertieftes Arbeiten beispielsweise an einem Konzept zu ermöglichen (vgl. Kap. 6).
2. **Mentales Stressmanagement:** Ziel des mentalen Stressmanagements ist es, persönliche stressverstärkende Überzeugungen zu identifizieren, kritisch zu reflektieren und in förderliche Einstellungen umzuwandeln, um den Stress zu reduzieren.

   Eine Führungskraft kann zum Beispiel die Technik der kognitiven Umstrukturierung (vgl. Rusch, 2019, S. 83–85) anwenden, um negative Gedankenmuster zu verändern, wenn sie beispielsweise dazu neigt, sich übermäßige Sorgen über mögliche negative Ergebnisse zu machen. Damit trainiert sie sich darauf, zukünftig realistischere und positivere Perspektiven zu entwickeln. Dies kann durch Selbstreflexion beispielsweise mithilfe des Modells der Inneren Antreiber (Kahler & Capers, 1974) aus der Transaktionsanalyse, mit Hilfe eines professionellen Coachs oder durch therapeutische Unterstützung erreicht werden. Auch hinderliche perfektionistische und selbstkritische Gedankenmuster können hiermit aufgebrochen und abgemildert werden.

3. **Regeneratives Stressmanagement:** Dieser Stressmanagement-Ansatz konzentriert sich auf den Abbau von Stress durch Entspannungstechniken und Erholungsaktivitäten.

Um den aufgebauten Stress abzubauen und die Regeneration zu fördern, kann eine Führungskraft regelmäßige Entspannungszeiten einplanen. Dies kann in Form von täglichen kurzen Meditationen, Yoga-Übungen oder einfach durch bewusste Pausen während des Arbeitstages sein, in denen sie sich von der Bildschirmarbeit entfernt und einen kurzen Spaziergang an der frischen Luft macht oder eine andere Form der körperlichen Aktivität ausübt. Besonders zu empfehlen sind ganz allgemein Bewegung, ausgleichende Tätigkeiten (wie Gärtnern, entspanntes Lesen, ein Vollbad nehmen, Nähen, Malen, Puzzeln), Übungen zur Körperbewusstheit (wie Pilates, Yoga, Feldenkrais), Entspannungstechniken (wie Progressive Muskelrelaxation nach Jacobson, Autogenes Training nach Schultz, der Body Scan, wie er in Mindfulness-Based-Stress-Reduction-Trainings gelehrt wird), aber auch angenehme, nicht fordernde Sozialkontakte und kontemplative Tätigkeiten (wie Meditation, Gebet, Achtsamkeitsübungen, Gesang). Dabei ist, was Erholung und Entspannung gibt, inter- und intraindividuell je nach Situation, Umgebung oder Tagesform unterschiedlich.

Um seinen Stress effektiv in Schach zu halten oder akuten Stress gut zu bewältigen, ist es notwendig, bei allen drei Arten des Stressmanagement nach Kaluza anzusetzen und alle drei Ansätze kombiniert zu verwenden, wobei Geduld, Wille und etwas Disziplin vonnöten sind. Diese Arten des Stressmanagements sollten zudem immer ergänzt werden durch ein gutes Zeitmanagement sowie eine effektive Zielsetzungs- und Priorisierungsmethodik (vgl. Kap. 6), um den Überblick zu bewahren und Überlastung zu vermeiden. Das hilft nicht nur, akuten Stress zu bewältigen, sondern trägt auch dazu bei, zukünftigen Stress präventiv zu minimieren und resilienter gegen Stress zu werden.

Generell sind regelmäßige Pausen, ausreichend Schlaf, Sozialkontakte, Bewegung und gesunde Ernährung grundlegend, um Stress präventiv vorzubeugen und ein erfüllteres berufliches und privates Leben führen.

In die Praxis – Instrumentelles Stressmanagement für Führungskräfte
Stellen Sie sich die folgenden Fragen, um herauszufinden, an welchen Rahmenbedingungen Sie etwas ändern können, sodass sich Ihr Stress reduziert.

1. **Aufgabenmanagement**:
   - Welche spezifischen Aufgaben, die ich derzeit erledige, könnten von einem Teammitglied übernommen werden, das die Fähigkeiten dazu und das Interesse dafür hat?
   - Welche wiederkehrenden, zeitraubenden Tätigkeiten in meinem Arbeitsalltag könnte ich durch den Einsatz von Technologie oder speziellen Tools effizienter gestalten?
   - Welche Aufgaben habe ich heute/diese Woche, die nicht unmittelbar zur Erreichung meiner wichtigsten Ziele beitragen oder nicht dringlich sind und daher verschoben oder eliminiert werden können?

2. **Arbeitsumgebung**:
   - Welche physischen Veränderungen kann ich an meinem Arbeitsplatz vornehmen, um Ablenkungen zu minimieren und die Konzentration zu fördern (zum Beispiel Lärmreduzierung, bessere Organisation des Schreibtisches etc.; siehe für weitere Inspirationen Kap. 6)?
   - Gibt es bestimmte Prozesse in meinem Team, die regelmäßig für Verzögerungen oder Missverständnisse sorgen und die ich umstrukturieren könnte, um sie effizienter zu gestalten?

3. **Zeitmanagement**:
   - Wann ist meine Energie im Verlauf des Tages am höchsten und wie kann ich sicherzustellen, dass ich mich genau dann auf die anspruchsvollsten Aufgaben konzentriere?
   - Welches sind wiederkehrende typische Zeiträuber und wie kann ich diese verändern?
   - Wie kann ich mir Zeiten für Regeneration freischaufeln und freihalten?

4. **Kommunikation**:
   - Wie kann ich klar kommunizieren, zu welchen Zeiten ich für mein Team erreichbar bin und wann ich ungestörte Arbeitszeit benötige?
   - Welche konkreten Maßnahmen kann ich ergreifen, um sicherzustellen, dass ich bei dringenden Angelegenheiten unterstützt werde, ohne in die täglichen Aufgaben meines Teams zu tief eingebunden zu sein?

Wenn Sie sich immer dann mit diesen Fragen auseinandersetzen, wenn Sie merken, dass sich ein ungutes Stresspensum aufbaut, können Sie Ihr Stressniveau situativ reduzieren. Wichtig ist, nach Beantwortung der Fragen auch konkrete Schritte zur Umsetzung einzuleiten und diese zum Beispiel direkt an Mitarbeiter zu kommunizieren oder im Kalender zu verankern.

7.4   Resilienzaufbau, Work-Life-Balance und Stressreduktion durch Coaching

Die Bewältigung akuten Stresses sowie der Aufbau von Resilienz und die Wiedererlangung innerer Stärke sind typische Themen im Business Coaching für Führungskräfte. Zurecht: Denn Executive Coaching hat vor allem einen Effekt auf Verhaltensweisen, die kognitiv gesteuert sind, zum Beispiel Zielerreichung und das Aneignen neuer Verhaltensweisen, auch solche, die als relativ stabil über die Zeit angesehen werden, zum Beispiel Selbstwirksamkeit, Wohlbefinden und Resilienz, wie eine umfangreiche Meta-Studie aus dem Jahr 2023 gezeigt hat (Nicolau et al., 2023).

Professionelle Coaches mit Kenntnis auf dem Gebiet der Scanner-Persönlichkeit bringen neben einer objektiven Perspektive spezialisiertes Wissen und gezielte Interventionen ein, die es vielseitigen Führungskräften ermöglichen, ihre Situation neu zu bewerten und Lösungswege hin zu einem gelasseneren Arbeitsalltag zu erkennen. Sie sind Sparringspartner auf Augenhöhe und gewährleisten darüber hinaus einen strukturierten Prozess, der für Personen mit Scanner-Persönlichkeit besonders hilfreich ist, um sich fokussiert der Lösung ihres Anliegens zu widmen (vgl. Kap. 9). Ein professioneller Coach dient zudem als verlässlicher Partner, der nicht nur Unterstützung bietet, sondern auch dazu beiträgt, dass gesetzte Ziele erreicht und persönliche sowie berufliche Entwicklungen gefördert werden (vgl. Witherspoon & White, 2007).

Förderung der Resilienz

Die Resilienz von Führungskräften mit Scanner-Persönlichkeit durch professionelles Coaching zu stärken, bedeutet, das Gefühl der Überforderung bei Widrigkeiten zu reduzieren und eine stärkere innere Widerstandskraft zu entwickeln. Lawton Smith (2017) konnte in einer qualitativen Studie mit Führungskräften zeigen, dass hierbei nicht nur die Stärkung von Resilienz-Fähigkeiten wichtig ist, sondern auch die Stärkung des Willens zu Resilienz und mithin die Beschäftigung mit den eigenen Werten.

Bei einem Resilienz-Coaching beispielsweise im Rahmen von rational-emotivem kognitiv-behavioralem Coaching werden Resilienz-Fähigkeiten wie Abgrenzung und (Selbst-)Akzeptanz gestärkt (vgl. Neenan, 2018). Diese Fähigkeiten sind für vielseitige Führungskräfte sehr wichtig, da sie ihnen helfen, mit den zahlreichen Herausforderungen, die ihre vielfältigen Rollen und Verantwortlichkeiten sowie ihre besondere Persönlichkeit mit sich bringen, besser, gesünder und effektiver umzugehen.

Bei der Entwicklung von Strategien zur Grenzsetzung und zum effektiven Umgang mit dem Nein-Sagen ist die Unterstützung durch einen professionellen Coach besonders hilfreich. Scanner-Persönlichkeiten neigen dazu, sich durch die Aufnahme zu vieler Projekte und Verpflichtungen zu überlasten. Coaching kann ihnen dabei helfen, realistische Grenzen zu setzen und zu lernen, wie sie sich gegenüber zu vielen Anforderungen abgrenzen können, um Überforderung und Stress zu vermeiden.

Zudem kann ein professioneller Coach mit Kenntnis der besonderen Zielgruppe gut bei der Entwicklung von Selbstbewusstsein und -akzeptanz unterstützen. Scanner-Persönlichkeiten kämpfen oft mit dem Gefühl, nicht genug zu erreichen, nicht gut genug zu sein oder sich nicht ausreichend auf ein Gebiet zu konzentrieren. Das Impostor Syndrom („Hochstaplersyndrom"; z. B. Bravata et al., 2020; vgl. Kap. 11) ist unter Scanner-Persönlichkeiten ein weit verbreitetes Phänomen, da sie sich in der Regel mit wenig Aufwand sehr vieles leicht und schnell aneignen können und dann häufig mit dem Gefühl zu kämpfen haben, nicht so gut wie die Spezialisten zu sein. Carola E.: **„Einer meiner Glaubenssätze, an dem ich sehr, sehr hart arbeiten muss, ist: Ich kann alles ein bisschen, aber nichts richtig. Das führt immer wieder dazu, dass ich in der Arbeitswelt nicht den Mut habe, für meine Überzeugungen einzustehen, und ich mich bei Themen, die ich gefühlt nicht ganz durchblicke, schnell overrulen lasse."**

Ein Coach kann hier helfen, dass Führungskräfte mit Scanner-Persönlichkeit ihre besondere Arbeitsweise und Persönlichkeitsstruktur erkennen und schätzen lernen und ein stärkeres Selbstbewusstsein in Bezug auf ihre vielseitigen Fähigkeiten und Kernkompetenzen entwickeln. Durch die Fokussierung auf spezifische Resilienzfaktoren kann professionelles Coaching Führungskräfte mit Tausendsassa-Persönlichkeit dabei unterstützen, Herausforderungen gelassen zu bewältigen.

Aufbau einer effektiven Work-Life-Balance/Life-Domain-Balance

Die Verbesserung der Vereinbarkeit von Beruf und Familie bzw. Freizeit ist ein dezidiertes Anliegen, mit dem Führungskräfte heute ins Coaching kommen und bei dem ein qualifizierter Business Coach sehr gut helfen kann. Es kann sich aber auch erst während des Coachingprozesses als Anliegen herausstellen, wenn zunächst ein Konflikt, eine Krise oder ein schlechtes Zeitmanagement Auslöser für das Aufsuchen eines Coaches waren (Schreyögg, 2005, S. 317). Beim Aufbau einer effektiven Work-Life-Balance bzw. Life-Domain-Balance (siehe oben) für Führungskräfte mit Scanner-Persönlichkeit kann ein professioneller Coach helfen, Prioritäten klar zu definieren und eine Balance zu schaffen, die sowohl berufliche Ziele als auch persönliche Leidenschaften berücksichtigt.

Der professionelle Business Coach arbeitet mit der Führungskraft daran, individuelle Lösungen zu finden, die sowohl die beruflichen Anforderungen berücksichtigen als auch genügend Raum für persönliche Interessen und Erholung lassen. Dies beinhaltet zumeist eine genaue Analyse der Ist- und Sollsituation. Schreyögg (2005, S. 310) empfiehlt in diesem Zusammenhang zum Beispiel die Anwendung der „Fünf Säulen der Identität" von Petzold (1993). In eine ähnliche Richtung geht die Methode „Lebensrad" (Byrne, 2005): In beiden Fällen macht der Klient eine Gegenüberstellung der Relevanz verschiedener Lebensbereiche (Arbeit, Familie, Gesundheit etc.) und der Zeit, die die jeweiligen Lebensbereiche einnehmen, um dann Schlussfolgerungen zu ziehen: Nach der Analyse ist es essenziell, dass der Coach mit dem Klienten ein Verständnis für das eigene Verhalten und seine Reaktionen in verschiedenen Situationen herstellt sowie personalisierte Strategien für den Aufbau einer guten Work-Life-Balance bzw. Life-Domain-Integration erarbeitet, zum Beispiel indem wirksame Zeitmanagement-Techniken eingeführt werden, die Arbeitslast reduziert wird, klare Arbeitsgrenzen festgelegt und/oder Routinen umgesetzt werden, die es der Führungskraft ermöglichen, sich zu erholen und ihre Akkus wieder aufzuladen (vgl. auch Kap. 6).

Stressbewältigung
In vielfacher Weise konnte gezeigt werden, dass Business Coaching ein probates Mittel ist, um Stress am Arbeitsplatz effektiv zu reduzieren (z. B. Gyllensten & Palmer, 2005). Dabei werden zum einen Techniken zur Stressprävention sowie Methoden zum effektiven Umgang mit Überlastung oder Entspannungsmethoden vermittelt und konkrete Lösungen zur akuten Stressreduktion erarbeitet. Zum anderen liegt ein wesentlicher Fokus im Stressbewältigungscoaching darauf, den Führungskräften zu helfen, ihre Gedanken- und Verhaltensmuster zu erkennen, die zu selbstgeneriertem Stress führen, und alternative, gesündere Ansätze zu entwickeln (vgl. Traut-Mattausch et al., 2021), Stichwort „Mentales Stressmanagement" (siehe oben). Dies können die Personen allein durch Selbstreflexion (ohne externe Hilfe) nur ansatzweise bewerkstelligen. Mir ist ein Selbstcoaching zur Stressbewältigung bereits einmal sehr erfolgreich gelungen, jedoch waren dabei rückblickend meine Coaching-Kenntnisse ein wesentlicher, wenn nicht entscheidender Erfolgsfaktor. Daher ist hier die Unterstützung durch einen professionellen Coach mit Kenntnis der Zielgruppe be-

sonders hilfreich und wirksam. Durch das Coaching lernen die Scanner-Führungs-kräfte, mit ihren vielfältigen Verpflichtungen und hohen Ambitionen so umzugehen, dass sie sich selbst nicht überfordern. Der qualifizierte Coach arbeitet beispielsweise mit ihnen daran, realistische Erwartungen an sich selbst zu setzen und Perfektionis-mus zu vermeiden, der oft eine Quelle von Stress ist.

Durch diese Coachingansätze können Führungskräfte mit Scanner-Persönlichkeit lernen, ihren Stress effektiv zu regulieren, wodurch sie nicht nur ihre eigene Gesund-heit und ihr Wohlbefinden verbessern, sondern auch als Vorbilder für effektives Stressmanagement in ihren Teams fungieren.

Literatur

Bravata, D. M., Watts, S. A., Keefer, A. L., Madhusudhan, D. K., Taylor, K. T., Clark, D. M., Nelson, R. S., Cokley, K. O., & Hagg, H. K. (2020). Prevalence, predictors, and treatment of impostor syndrome: a systematic review. *Journal of General Internal Medicine, 35*(4), 1252–1275.

Byrne, U. (2005). Wheel of life. *Business Information Review, 22*(2), 123–130.

Cohen, S., & Wills, T. A. (1985). Stress, social support, and the buffering hypothesis. *Psychological Bulletin, 98*(2), 310–357.

Fink, G. (2010). *Stress science: Neuroendocrinology.* Academic Press.

Gyllensten, K., & Palmer, S. (2005). Can coaching reduce workplace stress? A quasi-experimental study. *International Journal of Evidence Based Coaching and Mentoring, 3*(2), 75–85.

Heller, J. (2013). *Resilienz: 7 Schlüssel für mehr innere Stärke.* Gräfe und Unzer.

Kahler, T., & Capers, H. (1974). The Miniscript. *Transactional Analysis Bulletin, 4*(1), 26–42.

Kaluza, G. (2018). *Gelassen und sicher im Stress.* Springer.

Lawton Smith, C. (2017). Coaching for leadership resilience: An integrated approach. *International Coaching Psychology, 12*(1), 6–23.

Meyer, B., Zill, A., & Dilba, D. (2021). *Entspann dich, Deutschland! TK-Stressstudie.* Techniker Krankenkasse.

Neenan, M. (2018). Resilience coaching. In M. E. Bernard & O. A. David (Hrsg.), *Coaching for rational living: Theory, techniques and applications* (S. 247–267). Springer.

Nicolau, A., Candel, O. S., Constantin, T., & Kleingeld, A. (2023). The effects of executive coaching on behaviors, attitudes, and personal characteristics: A meta-analysis of randomized control trial studies. *Frontiers in Psychology, 14*, 1–16.

Olofsson, A., & Frintrop, A. (2017). Key Leadership Factors KLF. In J. Erpenbeck, L. von Rosenstiel, S. Grote, & W. Sauter (Hrsg.), *Handbuch Kompetenzmessung: erkennen, verstehen und bewerten von Kompetenzen in der betrieblichen, pädagogischen und psychologischen Praxis* (S. 478–499). Schäffer-Poeschel.

Petzold, H. G. (1993). *Integrative Therapie: Modelle, Theorien und Methoden für eine schulenübergreifende Psychotherapie.* Junfermann.

Regnet, E. (2014). Der Weg in die Zukunft – Anforderungen an die Führungskraft. In L. Rosenstiel, E. Regnet, & M. E. Domsch (Hrsg.), *Führung von Mitarbeitern: Handbuch für erfolgreiches Personalmanagement* (S. 29–45). Schäffer-Poeschel.

Rolfe, M. (2019). Resilienzfördernde Führung: Orientieren und vertrauen, energetisieren und kommunizieren. In M. Rolfe (Hrsg.), *Positive Psychologie und organisationale Resilienz* (S. 159–198). Springer.

Rusch, S. (2019). *Stressmanagement*. Springer.

Schreyögg, A. (2005). Coaching und work-life-balance. *Organisationsberatung, Supervision, Coaching, 12*(4), 309–319.

Sonnentag, S., & Bayer, U. V. (2005). Switching off mentally: Predictors and consequences of psychological detachment from work during off-job time. *Journal of Occupational Health Psychology, 10*(4), 393–414.

Traut-Mattausch, E., Zanchetta, M., & Pömmer, M. (2021). A cognitive-behavioral stress management coaching. In E. Berninger-Schäfer, E.-M. Graf, & H. Künzli (Hrsg.), *Coaching|theorie & praxis* (S. 69–80). Springer.

Ulich, E., & Wiese, B. S. (2011). Vom Work Life Balance Konzept zum Life Domain Balance Konzept. In E. Ulich & B. S. Wiese (Hrsg.), *Life domain balance* (S. 19–58). Gabler.

Witherspoon, R., & White, R. P. (2007). Executive coaching: A continuum of roles. In R. R. Kilburg & R. C. Diedrich (Hrsg.), *The wisdom of coaching: Essential papers in consulting psychology for a world of change* (S. 103–111). American Psychological Association.

Teil III

Praktische Ansätze und Methoden für das Führungskräfte-Coaching vielseitiger Manager

Die Grundlagen eines wirksamen Führungskräfte-Coachings

Sollen Führungskräfte mit Coaching wirksam und effektiv begleitet werden, müssen einige Aspekte beachtet werden. Daher stelle ich in diesem Kapitel die Erfolgsfaktoren für Führungskräfte-Coaching dar und wie sie im Coaching wirksam sind.

Ich zeige auf, dass Coaching individuell ansetzen muss und welche Schritte zu einer individuellen Unterstützung führen, gebe Tipps für Führungskräfte als Klienten und beleuchte ausführlich die Haltung, die ein Coach haben sollte, wenn Führungskräfte wirksam begleitet und Ergebnisse mit Coaching erzielt werden sollen.

Durch die Betrachtung dieser grundlegenden Prinzipien werden Führungskräfte und Business Coaches ein besseres Verständnis für die wichtigsten Elemente eines erfolgreichen Führungskräfte-Coachings entwickeln und darin gestärkt, wirkungsvolle Coaching-Prozesse durchzuführen.

8.1 Coaching muss individuell sein

Coaching kann nur dann seine volle Wirkung entfalten – und ist auch nur dann als Coaching zu bezeichnen! –, wenn die individuelle Situation des Klienten Basis für den Prozess ist. Und nur, damit das hier nochmals in aller Deutlichkeit gesagt ist: Ein „Coaching", das nicht auf die individuellen Gegebenheiten eingeht, sondern bei dem der Klient ein vorgefertigtes Programm durchläuft, ist kein Coaching!

Jede Führungskraft hat einzigartige Aufgaben, Rollen, Interessen, Fähigkeiten, Ressourcen und berufliche Ziele sowie eine individuelle Persönlichkeitsstruktur, wie beispielsweise eine Scanner-Persönlichkeit, wobei es innerhalb der Scanner-Persönlichkeiten verschiedene Ausprägungen gibt (siehe Kap. 2 für die unter-

S. Gierhan, *Führungskräfte-Coaching für vielseitige Manager*,
https://doi.org/10.1007/978-3-658-47220-7_8

schiedlichen Scanner-Typen). Daher ist es essenziell, dass der Coach eine Herangehensweise hat, die den spezifischen Bedürfnissen und Herausforderungen jedes Klienten gerecht wird.

Um einem Coaching die Individualität des Klienten zugrunde zu legen, sind folgende Punkte notwendig bzw. hilfreich:

1. **Bedarfsermittlung und Zielsetzung:** Der Coaching-Prozess beginnt mit einer sorgfältigen individuellen Bedarfsermittlung bzw. Anliegen-Exploration und Zielsetzung. In dieser Phase arbeitet der Coach eng mit der Führungskraft und ggf. mit den Vorgesetzten zusammen, um deren aktuelle Situation zu verstehen, Ergebnis-Erwartungen für den Coaching-Prozess zu klären und daraus ein individuelles Coachingziel abzuleiten. Dabei müssen sowohl die unternehmensinternen Notwendigkeiten, etwaige Coaching-Vorgaben (zum Beispiel an Umfang, Beteiligte, Setting etc.) als auch die Wünsche des Klienten berücksichtigt werden. Diese Zielsetzung bildet die Grundlage für den gesamten Coaching-Prozess.

2. **Konzept-Erstellung:** Basierend auf den identifizierten Zielen und Bedürfnissen des Klienten eingebunden in den organisationalen Kontext entwickelt der Coach ein maßgeschneidertes Coaching-Konzept, das speziell auf die Situation und Persönlichkeit des Klienten zugeschnitten ist. Dieses Konzept kann verschiedene Coaching-Ansätze, wie zum Beispiel systemisches Coaching, Neurolinguistisches Programmieren oder das Zürcher Ressourcenmodell, verschiedene Elemente, wie 1:1-Sitzungen, Hausaufgaben oder Praxiserprobungen, und verschiedene Interventionen enthalten, wie zum Beispiel Methoden zur Konfliktbewältigung, Stressmanagement-Techniken oder die Entwicklung von Führungsfähigkeiten. Dabei sollte das geplante Coaching-Konzept dem Klienten transparent gemacht werden, gegenüber Vorgesetzten und Personalabteilung jedoch vertraulich bleiben.

3. **Flexibilität und Anpassung:** Die Bedürfnisse und Ziele von Klienten können sich im Laufe der Zeit ändern und auch ein gut durchdachtes Coaching-Konzept kann sich in der Realität als nicht zielführend erweisen. Ein guter Coach bleibt daher flexibel und passt sein Coaching-Konzept entsprechend fortlaufend und stets in Rücksprache mit dem Klienten an. Dies kann bedeuten, dass neue Ziele definiert werden oder dass bestehende Ansätze überarbeitet und neue Interventionen ausgewählt werden, um den sich ändernden Anforderungen gerecht zu werden. Es bedeutet auch, ad hoc auf Notwendigkeiten des Klienten einzugehen, die möglicherweise nicht direkt etwas mit dem Coaching-Ziel zu tun haben, wenn der Klient gerade zwischenzeitlich diese Unterstützung benötigt. Dabei ist es essenziell, dass der Coach das Gesamtziel des Coachingprozesses sowie seine Struktur inkl. Dauer und die Coach-Klienten-Beziehung stets im Blick behält.

4. **Laufende Evaluation:** Während des Coaching-Prozesses ist es förderlich, den Prozess und einzelne Elemente daraus sowie die Coach-Klienten-Beziehung fortlaufend zu evaluieren (vgl. dazu ausführlich König & Volmer, 2019, S. 289–297). Der Coach versichert sich also immer wieder beim Klienten, dass seine Interventionen hilfreich, wirksam und zielführend sind. Ein solcher kontinuierlicher Dialog und Feedback gewährleisten, dass die Unterstützung immer den aktuellen Bedürfnissen des Klienten entspricht und das Verhältnis von Coach und Klient stimmig ist. Coach und Klient überwachen gemeinsam die Passgenauigkeit und den Fortschritt des Prozesses; der Coach passt das Coaching-Konzept bei Bedarf an.

Durch eine solche individualisierte Unterstützung ist gewährleistet, dass die Klienten ihre situationalen Coaching-Anliegen erfolgreich bearbeiten und ihre individuellen Entwicklungsziele erreichen können. Es ist zudem sichergestellt, dass das Coaching den Klienten in seiner persönlichen und beruflichen Entwicklung bestmöglich fördert und ein hoher Return on Invest (ROI) für das Unternehmen gegeben ist (vgl. Kap. 12).

8.2 Was im Führungskräfte-Coaching wirkt

Im Business Coaching arbeiten die Führungskraft und der Coach zusammen, um die berufliche oder persönliche Entwicklung der Führungskraft voranzutreiben bzw. Lösungen für ein aktuelles Problem zu finden. Der Business Coach unterstützt die Führungskraft dabei, ihre Ziele zu erreichen, Hindernisse zu überwinden und ihr volles Potenzial zu entfalten. Dabei gibt es mehrere zentrale Elemente, die wirksam sind und dazu beitragen, dass Klienten ihre Ziele erreichen und ihr Anliegen lösen können (vgl. Behrendt & Greif, 2018; Grawe et al., 1994; Künzli, 2013; Lindart, 2016, S. 86–93; Tonhäuser, 2018; siehe auch Kap. 12).

Eines der wichtigsten Elemente ist die **Beziehung zwischen Coach und Klient** (vgl. Graßmann et al., 2019; de Haan et al., 2016). Eine vertrauensvolle und unterstützende Beziehung bildet die Grundlage für ein erfolgreiches Coaching. Die Führungskraft muss sich sicher fühlen, ihre Gedanken, Ängste, Ziele und Herausforderungen offen mit dem Coach teilen zu können. Auf der anderen Seite muss der Coach ein vertrauenswürdiger und einfühlsamer Partner sein, der die Privatsphäre respektiert, diskret ist und eine unterstützende und nicht urteilende Atmosphäre schafft. Nur wenn Klienten sich sicher und verstanden fühlen, können sie offen über ihre Herausforderungen sprechen und sind bereit, Feedback anzunehmen und Veränderungen anzugehen. Daher ist es bedeutsam, dass Scanner-Führungskräfte von Coaches unterstützt werden, die selbst eine Scanner-Persönlichkeit haben oder tief mit der Materie vertraut sind, da sie sich sonst nicht verstanden fühlen (vgl. Kap. 2 und Kap. 9).

Ein weiterer Aspekt jedes wirksamen Coachings, welcher Coaching maßgeblich von anderen Formen der Beratung unterscheidet, ist die **Selbstreflexion** (vgl. Offermanns, 2004, S. 122–123). Während ein Berater im Wesentlichen Ratschläge erteilt und Lösungen präsentiert, befähigt ein Coach seinen Klienten durch gezielte Fragen und Übungen, über seine Situation, Erfahrungen, Herausforderungen und Erfolge aus verschiedenen Blickwinkeln nachzudenken und über seine Gedanken, Gefühle und Verhaltensmuster zu reflektieren. Diese Reflexion ermöglicht es dem Klienten, sich selbst besser zu verstehen, neue Perspektiven auf seine Situation zu gewinnen und bessere Entscheidungen für seine berufliche und persönliche Entwicklung zu treffen.

Durch Selbstreflexion stärkt die Führungskraft auch ihr Selbstwirksamkeitsgefühl (vgl. Baron & Morin, 2010; Moen & Allgood, 2009), indem sie individuelle und passgenaue Lösungen für sich selbst erarbeitet, die aus ihr selbst kommen und ihr nicht von außen oktroyiert wurden. Eine hohe Selbstwirksamkeitserwartung ist die Basis für nachhaltige Problembewältigung und erfolgreiche Veränderung (Bandura & Adams, 1977), auch bei Führungskräften (Paglis, 2010). Coaches können die **Selbstwirksamkeit** ihrer Klienten noch zusätzlich fördern, indem sie durch Interventionen und Gesprächsführung die Klienten ermutigen, an ihre Fähigkeiten und Stärken zu glauben und Vertrauen in ihre eigenen Fähigkeiten zu entwickeln, und indem sie ihnen Erprobungsmöglichkeiten aufzeigen.

Ein klares Ziel für den Coachingprozess zu setzen, ist ebenfalls ein entscheidender Faktor für den Coaching-Erfolg und eine gute Coach-Klienten-Beziehung. Dieses Ziel kann sich auf verschiedene Bereiche konzentrieren, wie zum Beispiel die Verbesserung der Führungsfähigkeiten, die Steigerung der Produktivität, die Bewältigung von Stress oder die Karriereentwicklung, und durch Unterziele weiter spezifiziert werden. Nur wenn Coach und Klient wissen, was sie erreichen möchten, können sie zielgerichtet daran arbeiten und Fortschritte verzeichnen. Eine **klare Zielsetzung** ist also Leitplanke für den gesamten Coaching-Prozess und sorgt dafür, dass die Coaching-Sitzungen und der -Prozess lösungsorientiert und effektiv vonstattengehen. Dabei ist es wichtig, sich als Coach genügend Zeit für die Zielfindung und -klärung zu nehmen und das Ziel realistisch, positiv und motivierend zu formulieren (siehe Kap. 11).

Neben diesen Elementen spielt auch der **Transfer des Erarbeiteten in den Alltag** des Klienten eine wichtige Rolle im Coaching. Ist eine Lösung erarbeitet, so ist es maßgeblich für den nachhaltigen Erfolg von Business Coaching, dass der Coach die Führungskraft dabei unterstützt, die Lösung auch praktisch umzusetzen und in den Arbeitsalltag zu integrieren. Der Klient muss den Mut bekommen, die neuen Strategien oder Verhaltensweisen auszuprobieren, und Lösungen für mögliche Hemmnisse auf dem Weg zu einer erfolgreichen Implementierung erarbeiten. Durch regelmäßiges Feedback und Monitoring der Umsetzung verfolgen die Klienten ihre Fortschritte und erarbeiten bei Bedarf gemeinsam mit dem Coach Anpassungen.

Weitere wirksame Erfolgsfaktoren im Coaching sind, dass der Coach die Ressourcen der Klienten aktiviert und den Coachingprozess gut führt, um Sicherheit, Orientierung und Vertrauen zu vermitteln sowie den Prozess zu einem guten Fortgang und Abschluss zu bringen.

Tipps für Führungskräfte als Klienten
Wenn Sie als Führungskraft Klient in einem Coaching-Prozess sind und den größten Nutzen aus dem Prozess ziehen wollen, sollten Sie die folgenden Tipps beherzigen:

1. **Bereitschaft:** Machen Sie nur ein Coaching, wenn Sie ernsthaft bereit sind, an sich zu arbeiten und etwas an Ihrer Arbeitsweise oder Haltung zu verändern. Wenn Sie gecoacht werden, können Sie nicht die anderen verändern, sondern nur an sich selbst arbeiten (was indirekt Auswirkungen auf Ihre Mitmenschen haben wird).
2. **Gute Coach-Auswahl:** Achten Sie bei der Auswahl Ihres Coaches auf seine Professionalität, Glaubwürdigkeit und Berufserfahrung als Coach, zum Beispiel anhand des Lebenslaufs und der Referenzen. Jeder professionelle Coach sollte eine Coaching-Ausbildung durchlaufen haben, deren Umfang mehr als nur wenige Monate war! Achten Sie außerdem auf eine seriöse Darstellung, dazu gehören auch rechtschreibfehlerfreie Texte und eine Internetseite, die leserlich ist und funktioniert. Altbackene Webseiten deuten in der Regel auf fehlende Modernität des Coaches hin und mangelnde Initiative. Schreyögg (2012, S. 153–160) nennt als weitere Kriterien: breite Lebens- und Berufserfahrung, gute persönliche Ausstrahlung, ein angemessener Interaktionsstil, intellektuelle Flexibilität, ein breites sozialwissenschaftliches Wissen, ideologische Offenheit und eine passende Feldkompetenz.
3. **Klare Ziele:** Definieren Sie vor Beginn des Coachings klare und spezifische Ziele. Möchten Sie Ihre Führungsqualitäten verbessern, Ihre Teamarbeit optimieren oder Ihre berufliche Laufbahn vorantreiben? Was wollen Sie mit dem Coaching erreichen? Je klarer Ihre Ziele, desto gezielter kann der Coach Sie unterstützen.
4. **Klare Erwartungen:** Klären Sie von Anfang an Ihre Erwartungen an den Coach und den Coaching-Prozess. Welche Ergebnisse streben Sie an und wie sollte der Coaching-Prozess gestaltet sein? Denken Sie an das für Sie passende Setting (online/offline), Dauer, Zeitpunkt, Sitzungsfrequenz, involvierte Personen etc.

5. **Offene Kommunikation:** Seien Sie offen und ehrlich gegenüber Ihrem Coach. Teilen Sie Ihre Stärken, Schwächen, Ängste und Wünsche. Nur eine ehrliche und transparente Kommunikation ermöglicht es dem Coach, Coaching-Interventionen anzuwenden, die wirklich zu Ihnen und Ihrem Anliegen passen. Und nur wenn Sie ehrlich zu sich selbst sind, können Sie im Coaching die Lösungen entwickeln, die Sie wirklich weiterbringen.

6. **Feedback:** Wenn Sie Feedback bekommen, so nehmen Sie es ernst und setzen Sie es um. Mit Feedback haben Sie die seltene Chance, eine Außenperspektive auf sich selbst zu erhalten. Wenn nötig, bitten Sie ihren Coach direkt um Feedback.

7. **Aktive Teilnahme:** Engagieren Sie sich aktiv im Coaching-Prozess. Nutzen Sie Übungen, Aufgaben und Reflexionsanregungen. Nehmen Sie sich auch zwischen den Sitzungen, wenn möglich, Zeit, um sich mit dem Erarbeiteten zu beschäftigen, oder planen Sie zumindest direkt nach den Sitzungen ein wenig Puffer ein, damit das Erarbeitete nachwirken kann. Je mehr Sie sich einbringen und Zeit investieren, desto größer wird der Nutzen sein.

8. **Geduld:** Veränderungen erfordern Zeit. Seien Sie geduldig mit sich selbst und Ihrem Fortschritt. Coachingsitzungen sind keine Wundermittel, sondern ein kontinuierlicher Entwicklungsprozess.

Individuelles Coaching für vielseitige Führungskräfte kann einen erheblichen Einfluss auf die berufliche Entwicklung und Zufriedenheit haben. Durch eine offene Zusammenarbeit mit einem erfahrenen qualifizierten und spezialisierten Coach können Sie Ihre persönlichen und beruflichen Ziele erreichen, berufliche Zufriedenheit (wieder-)erlangen und Ihre Führungskompetenzen weiterentwickeln.

8.3   Die richtige Haltung des Business Coaches

Die richtige Haltung und Einstellung des Coaches ist ein wesentlicher Parameter für das Gelingen eines jeden Führungskräfte-Coachings (vgl. König & Volmer, 2019, S. 303). Der Business Coach sollte einfühlsam zuhören, ohne zu urteilen, und eine vertrauliche Atmosphäre schaffen, in der der Klient sich sicher fühlt, seine Gedanken und Gefühle zu teilen. Dabei ist ein Coach stets Begleiter auf Augenhöhe, der gemeinsam mit dem Klienten einen Prozess mit Blick auf ein Ziel durchläuft. Er lässt sich durch den Klienten weder instrumentalisieren noch führt er den Klienten top down (vgl. Schreyögg, 2012, S. 209 ff.).

Der Coach ist außerdem der Nicht-Wissende, der die Hoheit über den Prozess und die Methoden hat, inhaltlich jedoch die Verantwortung beim Klienten lässt (vgl. Lippmann, 2013, S. 45; Rauen, 2021, S. 33). Der Coach ist nicht dafür da, den Klienten inhaltlich zu belehren, ihm Entscheidungen abzunehmen oder zum Statthalter unbequemer Beschlüsse zu werden!

Im Führungskräfte-Coaching ist ein **klientenzentrierter Ansatz** nach Rogers (1946; 2012; siehe auch Kirschenbaum & Jourdan, 2005) erfolgversprechend, bei dem der Coach kongruent (echt), positiv wertschätzend sowie einfühlsam auf die Bedürfnisse, Sichtweisen, Vorstellungen, Gefühle und Eigenschaften des Klienten eingeht und diese in den Mittelpunkt seines Handelns stellt (vgl. Behrendt & Greif, 2018; Lippmann, 2013, S. 16). Der Coach geht dabei davon aus, dass der Klient alles, was er zur Lösung seines Problems benötigt, bereits in sich trägt, es nur mithilfe des Coaches gehoben werden muss. Dies bedingt auch, dass Meinungen oder Beeinflussungen durch den Coach nicht nötig und nicht hilfreich sind. Der Coach sollte also seine eigenen Ansichten und Gedanken nicht oder nur sparsam in den Prozess einbringen. Wenn er es tut, ist es essenziell, sie als solche zu deklarieren und es nicht lenkend, sondern lediglich anbietend zu tun.

Hieraus sollte klar geworden sein, dass prinzipiell eine Haltung, in der der Coach den Klienten steuern, beeinflussen oder lenken möchte, nichts mit professionellem Coaching zu tun hat! Ebenso sind Ratschläge kein genuiner Aspekt von Coaching (Radatz 2004, S. 19, 2013), da sie der nicht-wissenden Haltung auf Augenhöhe widersprechen, bei dem der Klient Urheber seiner Konstruktion der Wirklichkeit ist und durch Selbstreflexion auf ihm eigene Lösungen kommt.

Neben der klientenzentrierten ist eine **prozessorientierte Herangehensweise** sinnvoll, bei der der Coach den Fokus auf den Coaching-Prozess legt, anstatt sich ausschließlich auf das Erreichen bestimmter Ergebnisse zu konzentrieren. Dadurch unterstützt der Coach den Klienten dabei, den Prozess der Selbstreflexion und der persönlichen Entwicklung und Zielerreichung zu durchlaufen, und ist flexibel genug, um sich den Bedürfnissen, eventuell geänderten Zielen und dem Tempo des Klienten anzupassen.

Der Blick ist im Coaching immer nach vorne gerichtet, also **lösungsorientiert, statt problemorientiert** lange und viel beim Problem zu verharren und dessen Ursachen zu suchen (Lippmann, 2013, S. 45–48). Vielmehr wird nach einer Anliegen-Exploration mit Blick auf ein Ziel **ressourcenorientiert** an der Lösung des Problems gearbeitet.

Des Weiteren ist eine **respektvolle und wertschätzende Haltung** des Coaches unerlässlich (Rogers, 1946, 2012). Der Coach sollte die Einzigartigkeit und Würde jedes Klienten respektieren und ihn in seinem individuellen Prozess unterstützen. Durch eine positive und unterstützende Einstellung kann der Coach eine Atmosphäre schaffen, in der die Führungskraft sich ermutigt fühlt, sich zu öffnen und dadurch ihr volles Potenzial zu entfalten.

Eine klientenzentrierte, prozess-, lösungs- und ressourcenorientierte sowie respektvolle Haltung auf Augenhöhe schafft die Grundlage für ein erfolgreiches Führungskräfte-Coaching und unterstützt den Klienten dabei, seine Ziele zu erreichen, Probleme zu lösen und persönlich zu wachsen.

Literatur

Bandura, A., & Adams, N. E. (1977). Analysis of self-efficacy theory of behavioral change. *Cognitive Therapy and Research, 1*(4), 287–310.

Baron, L., & Morin, L. (2010). The impact of executive coaching on self-efficacy related to management soft-skills. *Leadership and Organization Development Journal, 31*(1), 18–38.

Behrendt, P., & Greif, S. (2018). Erfolgsfaktoren im Coachingprozess. In H. Möller, S. Greif, & W. Scholl (Hrsg.), *Handbuch Schlüsselkonzepte im Coaching* (S. 163–172). Springer.

de Haan, E., Grant, A. M., Burger, Y., & Eriksson, P.-O. (2016). A large-scale study of executive and workplace coaching: The relative contributions of relationship, personality match, and self-efficacy. *Consulting Psychology Journal: Practice and Research, 68*(3), 189–207.

Graßmann, C., Schölmerich, F., & Schermuly, C. C. (2019). The relationship between working alliance and client outcomes in coaching: A meta-analysis. *Human Relations, 73*(1), 35–58.

Grawe, K., Donati, R., & Bernauer, F. (1994). *Psychotherapie im Wandel: von der Konfession zur Profession.* Hogrefe.

Kirschenbaum, H., & Jourdan, A. (2005). The current status of Carl Rogers and the person-centered approach. *Psychotherapy: Theory, Research, Practice, Training, 1*(42), 37–51.

König, E., & Volmer, G. (2019). *Handbuch Systemisches Coaching: Für Coaches und Führungskräfte, Berater und Trainer.* Beltz.

Künzli, H. (2013). Wirksamkeitsforschung im Führungskräftecoaching. In E. Lippmann (Hrsg.), *Coaching* (S. 370–385). Springer.

Lindart, M. (2016). *Was Coaching wirksam macht.* Springer.

Lippmann, E. (2013). Grundlagen auf der Basis eines systemisch-lösungsorientierten Beratungsansatzes. In E. Lippmann (Hrsg.), *Coaching* (S. 13–52). Springer.

Moen, F., & Allgood, E. (2009). Coaching and the effect on self-efficacy. *Organization Development Journal, 27*(4), 69–82.

Offermanns, M. (2004). *Braucht Coaching einen Coach?* Ibidem.

Paglis, L. L. (2010). Leadership self-efficacy: Research findings and practical applications. *Journal of Management Development, 29*(9), 771–782.

Radatz, S. (2004). Beratung ohne Ratschlag!!?? *Lernende Organisation, 3*(19), 16–20.

Radatz, S. (2013). *Beratung ohne Ratschlag.* Literatur-VSM.

Rauen, C. (2021). *Handbuch Coaching.* Hogrefe.

Rogers, C. R. (1946). Significant aspects of client-centered therapy. *American Psychologist, 1*, 415–422.

Rogers, C. R. (2012). *Client centered therapy.* Hachette.

Schreyögg, A. (2012). *Coaching: Eine Einführung für Praxis und Ausbildung.* Campus.

Tonhäuser, C. (2018). Prozessbezogene Determinanten der Wirkung von Einzelcoaching. In R. Wegener, S. Deplazes, M. Hänseler, H. Künzli, S. Neumann, A. Ryter, & W. Widulle (Hrsg.), *Wirkung im Coaching* (S. 85–94). Vandenhoeck & Ruprecht.

Die Rolle spezialisierter Coaches

9

Für multitalentierte Manager, deren Persönlichkeit sich von der Mehrzahl der Bevölkerung unterscheidet und deren berufliche Herausforderungen vielfältig sind, sind Coaches unerlässlich, die auf diese Zielgruppe spezialisiert sind.

Ich werde in diesem Kapitel die Gründe hierfür darlegen sowie die Notwendigkeit und den Mehrwert von Business Coaches darstellen, die sich auf Führungskräfte mit Scanner-Persönlichkeit spezialisiert haben. Dabei werden verschiedene Aspekte beleuchtet, von den Verantwortlichkeiten spezialisierter Business Coaches bis hin zu den konkreten Rollen des Coaches als Sparringspartner und Vertrauensperson, Strukturgeber, erhobener Zeigefinger bzw. treibende Kraft sowie Persönlichkeitsexperte.

Durch die Analyse dieser zentralen Aspekte wird deutlich, dass insbesondere auf diese Zielgruppe spezialisierte Coaches einen Beitrag zur Weiterentwicklung und Stärkung vielseitiger Manager sowie zur Lösung konkreter Problemstellungen dieser Personen leisten.

9.1 Weshalb spezielle Coaches für vielseitige Manager nötig und hilfreich sind

Ein wesentlicher Erfolgsfaktor im Führungskräfte-Coaching ist nach Künzli (2013, S. 385) die Qualifikation, Glaubwürdigkeit und Authentizität des Coaches. Ein Business Coach, der nachhaltig mit seinem Coaching einen Effekt generieren und wirksam sein möchte, muss also die speziellen Bedürfnisse seiner Klienten kennen und verstehen und glaubwürdig darauf reagieren können.

Führungskräfte mit Scanner-Persönlichkeit haben eine breite Palette von Stärken und Herausforderungen, die es als Coach zu kennen und zu berücksichtigen

S. Gierhan, *Führungskräfte-Coaching für vielseitige Manager*, https://doi.org/10.1007/978-3-658-47220-7_9

gilt, angefangen bei ihrem (über-)großen Tatendrang, über ihr starkes Bedürfnis nach Abwechslung bis hin zu ihrem schnellen, breiten und vernetzten Denken, das zahlreiche Ideen in schneller Folge, übergeordnete Out-of-the-box-Lösungen und Impulse produziert, die Mitarbeitende, Vorgesetzte und Kollegen überfordern können und auch die Fähigkeit der Führungskraft selbst reduzieren können, strukturiert und fokussiert zu arbeiten (vgl. Kap. 1).

Ein Business Coach muss sensibel auf die individuellen Bedürfnisse dieser vielseitigen Führungskräfte eingehen, um individuell wirksam zu sein. Dazu ist es grundlegend, dass der Coach eine vertrauensvolle Atomsphäre schafft und sich empathisch in die Zielgruppe einfühlt und nicht Interventionen, Ratschläge oder eine Herangehensweise nutzt, die für die Zielgruppe unpassend sind (vgl. Kap. 2). Nur so können sich die Führungskräfte verstanden fühlen, was die Basis für eine gute Zusammenarbeit und damit für den Coachingerfolg ist (vgl. Kap. 8). Andernfalls besteht die große Gefahr, dass die Klienten aus dem Coaching nichts mitnehmen oder gar schlecht beraten sind: eine schlechte Investition in Coaching, sowohl finanziell als auch zeitlich!

Vielseitige Manager brauchen oft Hilfe dabei, sich und ihre Zeit zu strukturieren, ihre Mitarbeitenden angemessen zu führen, sich zu fokussieren und eine klare Richtung zu erkennen, Überlastung zu verhindern oder zu bewältigen, ihre vielfältigen Interessen in Einklang zu bringen und gleichzeitig effizient zu arbeiten, Ideen zu kanalisieren oder Entscheidungen zu treffen. Ein Coach muss hier in der Lage sein, Interventionen, Techniken und Strategien anzubieten, die speziell auf diese Herausforderungen von Tausendsassa zugeschnitten sind, und er muss die Führungskraft bei deren erfolgreicher Umsetzung begleiten können.

Ein spezialisierter Coach verfügt beispielsweise über gezielte Methoden, die Scanner-Führungskräfte unterstützen, ihre Vielfalt an Interessen und Projekten zu strukturieren und gezielt einzusetzen. Dabei liegt der Fokus nicht darauf, diese Vielfalt einzuschränken, sondern sie bewusst zu nutzen. Im Coaching lernen die Führungskräfte beispielsweise, dass es keine Notwendigkeit gibt, ihre Neugier und Schnelligkeit zu drosseln, sondern dass diese als Stärken genutzt werden können, um kreative Lösungen zu finden und innovative Ansätze zu verfolgen. Dadurch wird klar, dass die Lösung nicht in der Selbstbeschränkung liegt, sondern in der klugen Strukturierung ihrer vielfältigen Interessen und Begabungen.

Ein auf die Zielgruppe spezialisierter Coach weiß, dass Tausendsassa-Führungskräfte ihre Talente in verschiedenen Bereichen entfalten wollen und aufgrund ihrer Persönlichkeit müssen. Anstatt daran zu arbeiten, wie sich die Führungskräfte auf wenige Aufgaben oder Projekte konzentrieren können, unterstützt der Coach sie darin, ihre verschiedenen Interessen und Fähigkeiten in Einklang zu bringen und sie sinnvoll in ihrem Beruf zu kombinieren. Dies kann etwa durch ein individuelles Selbstmanagementsystem (vgl. Kap. 6) realisiert werden oder die Einbindung von Side-Projects in den beruflichen Alltag, die auf die beruflichen Kernaufgaben einzahlen.

Vor allem aber muss ein Coach die Scanner-Natur der Führungskraft akzeptieren und fördern, anstatt sie zu behindern. Dies bedeutet, die Vielfalt der Interessen und Talente und die besondere Persönlichkeitsausprägung zu kennen, zu schätzen und gemeinsam mit dem Klienten Wege zu finden, wie sie in die berufliche Entwicklung integriert werden können. Nur so kann eine vielseitige Führungskraft nicht nur produktiver und leistungsfähiger werden, sondern auch nachhaltig zufrieden mit ihrem beruflichen Leben sein.

Da Scanner-Führungskräfte oft anders arbeiten und denken als ihre Kollegen, kann es sein, dass ihr Erfolg in klassischen Strukturen nicht immer sichtbar wird. Ein spezialisierter Coach ist hier in der Lage, diese Erfolge zu erkennen und zu würdigen, auch wenn sie auf den ersten Blick nicht in gängige Erfolgsmetriken passen. Dies stärkt das Selbstbewusstsein der Führungskräfte und gibt ihnen das nötige Vertrauen, ihren individuellen Weg weiterzugehen.

Insgesamt erfordert die Arbeit mit Führungskräften mit Tausendsassa-Persönlichkeit ein tiefes Verständnis für deren Bedürfnisse, eine individuelle, maßgeschneiderte Herangehensweise und die Bereitschaft, ihnen dabei zu helfen, ihre beruflichen Ziele zu erreichen, während sie gleichzeitig ihren Persönlichkeitsmerkmalen treu bleiben.

9.2 Der Coach als Sparringspartner und Vertrauensperson

Je höher eine Führungskraft in der Hierarchie aufsteigt, desto seltener findet sie Personen, die ihr als Sparringspartner dienen können (Witherspoon & White, 2007): Führungskräfte auf oberen Ebenen haben oft wenige Kollegen oder Bekannte in gleicher Position oder Vorgesetzte, mit denen sie in offenen Diskussionen Ideen austauschen und sich vertrauensvoll Rat holen können. Dies kann zu einem Mangel an konstruktivem Feedback und einer isolierten Position führen.

Hier kommt der Business Coach ins Spiel: Ein Coach kann die Rolle des Sparringspartners effektiv übernehmen (z. B. Böning, 2013; Witherspoon & White, 2007, S. 223), denn er bietet eine unvoreingenommene, externe Perspektive und ein sicheres Umfeld, um Ideen zu diskutieren, Gedanken zu reflektieren und Strategien zu entwickeln:

- **Objektivität und externe Perspektive**: Ein externer Coach ist nicht Teil des Unternehmenssystems und daher nicht in die internen Abläufe des Unternehmens verstrickt. Er hat somit eine externe, uneingeschränkte Sichtweise, die der Führungskraft objektives Feedback und Einblicke ermöglicht, die ehrlich, ungeschönt und unvoreingenommen sind. So können die Führungskräfte Herausforderungen und Möglichkeiten klarer erkennen sowie Personen und Situationen besser einschätzen.

- **Vertraulichkeit und Sicherheit**: Coaches bieten ein Umfeld, in dem Führungskräfte in vertraulichem Rahmen offen und sicher über ihre Gedanken, Sorgen und Unsicherheiten sprechen können. Dies schafft eine Atmosphäre, die wertvolle Erkenntnisse und Veränderungen möglich macht.
- **Professionalität**: Professionelle Coaches kennen gezielte Fragen und Coaching-Interventionen, die die Selbstreflexion bei Führungskräften befördern. Dadurch können die Manager über Ziele, Stärken, Schwächen und Entwicklungsbereiche angeleitet nachdenken, was zu persönlichem Wachstum und beruflicher Weiterentwicklung sowie Veränderung beiträgt, und individuell wirksame Strategien zur Problemlösung und Zielerreichung entwickeln.
- **Fürsorge**: Die Rolle des Sparringspartners beinhaltet auch den wohlwollenden Blick auf die Gesundheit der Führungskräfte und mithin die Unterstützung bei der Stressbewältigung und Selbstfürsorge. Führungskräfte sind oft hohem Druck ausgesetzt. Ein Coach kann ihnen nahelegen, gesunde Wege zur Stressbewältigung zu finden und für ihr eigenes Wohlbefinden zu sorgen; eine Aufgabe, die in einem einsamen Führungsumfeld sonst nicht viele übernehmen können.

In der Zusammenarbeit mit Führungskräften ist es wichtig, sie als gleichwertige Partner zu behandeln, respektvoll, aber nicht unterwürfig aufzutreten und auf ihre Bedürfnisse und Individualität flexibel einzugehen. Um ein guter Sparringspartner für Führungskräfte zu sein, muss ein Business Coach zudem die nötige Portion Direktheit mitbringen und klar, präzise, auf den Punkt und zielorientiert mit der Führungskraft kommunizieren.

Gerade Führungskräfte mit Tausendsassa-Persönlichkeit profitieren hier von einem auf diese Zielgruppe spezialisierten Business Coach, da dieser – die Herausforderungen, Denkweisen und Problemstellungen speziell dieser Zielgruppe kennend – in hohem Maße Authentizität und Glaubwürdigkeit ausstrahlt. Scanner-Führungskräfte fühlen sich dann besonders verstanden und werden gezielt und effektiv unterstützt. Ein solcher Coach mit ähnlichen Erfahrungen kann besonders gut für diese Zielgruppe als Sparringspartner dienen.

Hinzu kommt folgender Aspekt: Multitalentierte Führungskräfte denken schnell und vernetzt und sind mit ihren Gedanken häufig weiter als ihr Umfeld. Sie benötigen daher einen Coach als Sparringspartner, der ebenso schnell und vernetzt denkt wie sie. Andernfalls werden sie rasch ungeduldig und erachten den Coachingprozess als ineffizient und nutzlos.

Ein gut ausgebildeter, mit der Zielgruppe der vielseitigen Führungskräfte vertrauter Business Coach auf Augenhöhe ist also ideal, um als Sparringspartner Führungskräfte mit Scanner-Persönlichkeit in ihrem beruflichen Wachstum und Erfolg zu begleiten. Die externe Perspektive, absolute Diskretion und der konstruktive

Dialog gepaart mit der richtigen Portion Direktheit, Schnelligkeit und der richtigen Haltung sind entscheidend, um das volle Potenzial dieser Führungskräfte zu entfalten und sie bei ihren Anliegen zielführend zu unterstützen.

9.3 Der Coach als Strukturgeber, erhobener Zeigefinger und treibende Kraft

Menschen mit Scanner-Persönlichkeit haben eine natürliche Neugier und werden von vielen verschiedenen Aufgaben, Projekten und Ideen angezogen und inspiriert (vgl. Kap. 1). Sie neigen dazu, Querverbindungen zu ziehen und springen leicht von einer Idee zur nächsten. Während dieses interessierte, erschaffende, vernetzte Denken einerseits sehr vorteilhaft sein kann, kann es auch dazu führen, dass sie sich leicht verzetteln und Schwierigkeiten haben, den Fokus auf eine bestimmte Aufgabe oder ein Projekt zu richten bzw. dort zu halten. Das Ergebnis ist oft eine Vielzahl angefangener, nicht abgeschlossener Aufgaben oder Projekte. Führungskräfte mit Scanner-Persönlichkeit kommen häufig nicht bis zur Umsetzung oder führen diese nicht strukturiert und bis zum Ende durch – auch weil es für sie in der Regel so viel interessanter und leichter ist, Ideen zu generieren und Konzepte zu entwickeln, als diese akribisch umzusetzen.

Johannes J.: „**Ich neige dazu, viele Themen gleichzeitig aufzugreifen. Hier musste ich lernen, mich zu fokussieren und klare Prioritäten zu setzen. Ich denke, dass die meisten Scanner in Führung diese Herausforderung haben. Es ist wichtig, dranzubleiben und Dinge auch wirklich zum Abschluss zu bringen, damit Projekte nicht nur gut starten, sondern auch zu einem erfolgreichen Ende geführt werden.**"

Ein Coach kann hier sicherzustellen, dass Führungskräfte mit Tausendsassa-Persönlichkeit aus ihren Ideen auch Taten werden lassen und Angefangenes nicht prokrastinieren, also aufschieben, sondern erfolgreich zu Ende bringen. Er ist bei vielseitigen Managern daher oft als direktive Kontrollinstanz oder „erhobener Zeigefinger" gefragt, der dafür sorgt, dass sie den Fokus behalten und in die strukturierte Umsetzung kommen bis hin zum erfolgreichen Abschluss.

Der Coach strukturiert mit der Führungskraft den Umsetzungsprozess und erinnert sie kontinuierlich an ihre Ziele und Prioritäten. In den Sitzungen wird der Fokus auf das Wesentliche gelenkt und unnötige Ablenkungen werden minimiert. Außerdem fühlt sich die Führungskraft gegenüber dem Coach in gewisser Weise verpflichtet, von Sitzung zu Sitzung an der Umsetzung des Erarbeiteten weiterzuarbeiten, sodass Vereinbarungen und Pläne tatsächlich eingehalten werden. Niemand möchte sein Gesicht verlieren und sagen, dass er zwischenzeitlich wenig getan hat oder nicht vorangekommen ist. Dies schafft eine höhere Verbindlichkeit und Motivation zur Handlung.

Die regelmäßigen Coaching-Sitzungen dienen der vielseitigen Führungskraft also gleichermaßen als Struktur- und Zeitgeber, Erinnerung und Ansporn, um Ideen in die Tat umzusetzen und konkrete Ergebnisse zu erzielen. Sie sind regelmäßige Meilensteine, die gewährleisten, dass die Führungskraft in ihrem Projekt oder ihrer To-Do-Liste Fortschritte macht.

9.4   Der Coach als Persönlichkeitsexperte

Gerade Führungskräfte mit Tausendsassa-Persönlichkeit benötigen einen Coach, der auch ein Experte für ihre Persönlichkeit ist. Dies ist aus diversen Gründen notwendig und sinnvoll und entfaltet verschiedene Wirkungen:

Verständnis der inneren Dynamik und Akzeptanz der Persönlichkeit Durch ihr Generalistentum und ihren Veränderungsdrang entsprechen Scanner-Führungskräfte oft nicht den klassischen Führungstypen, was in ihnen das Gefühl wecken kann, „merkwürdig" oder „falsch" zu sein. Nur ein entsprechend spezialisierter Coach, der die Scanner-Persönlichkeit erkennt und tiefgreifend sowie glaubhaft über das Persönlichkeitsmerkmal „Scanner-Persönlichkeit" aufklären kann, kann ihnen helfen, diese Überzeugung abzulegen und die Stärken in ihrer besonderen Persönlichkeitsausprägung zu erkennen. So lernen die Führungskräfte, dass ihre Andersartigkeit nicht als Schwäche oder Fehler zu betrachten ist, und sehen ihre Handlungen und vermeintlichen Schwächen aus einem neuen Blickwinkel. Die häufige Unruhe, der Drang nach Abwechslung und das schnelle Interesse an neuen Themen sind keine Defizite, sondern Ausdruck ihrer besonderen Persönlichkeit. Ein spezialisiertes Coaching bietet den Führungskräften die Möglichkeit, sich selbst zu akzeptieren, anstatt ständig gegen ihre natürlichen Neigungen anzukämpfen – ein Kampf, der nicht nur unnötige Energie zieht, sondern auch niemals zielführend ist. Ein entsprechend spezialisierter Coach hilft, die Vielseitigkeit als Stärke zu erkennen und strategisch einzusetzen.

Neuausrichtung der Lösungsstrategien Führungskräfte mit Scanner-Persönlichkeit neigen oft dazu, falsche Lösungsstrategien anzuwenden, wie etwa sich selbst einzuschränken oder Aufgaben gegen größten inneren Widerstand zu Ende bringen zu wollen. Diese Methoden führen jedoch selten zum Erfolg und verstärken stattdessen das Gefühl der Unzufriedenheit und Erschöpfung. Ein auf Scanner-Führungskräfte spezialisierter Coach kann die Klienten hier abholen, indem er anhand der Persönlichkeitsausprägung und ihrer besonderen Bedürfnisse und Aspekte darlegt, warum diese Strategien nicht zu ihnen passen und daher nicht funktionieren, und alternative Wege aufzeigt bzw. mit den Klienten erarbeitet. Anstatt sich zu zwingen, Dinge auf herkömmliche Arten und Weisen zu tun, die gemeinhin als richtig angesehen werden, lernen die Führungskräfte, ihre Arbeitsweise so anzupassen, dass sie im Einklang mit ihrer Persönlichkeit steht – der einzige Weg, effektiv, gesund und erfolgreich zu arbeiten und zu führen!

Formulierung passender Ziele Treffen Scanner-Führungskräfte auf einen Coach, der Experte für ihre Persönlichkeit ist, so werden sie zukünftig die richtigen Ziele setzen, die zu den Handlungsmöglichkeiten ihrer Persönlichkeitsstruktur passen, anstatt Ziele, die auf traditionellen Führungsmodellen oder herkömmlichen Handlungsweisen basieren. Zum Beispiel werden sie nicht länger für sich als Ziel formulieren, stringent die Karriereleiter in ein und demselben Bereich ersteigen zu müssen – weil man es eben so macht –, sondern werden Stufen überspringen, sich auf Schnittstellenpositionen einbringen oder ihr Berufsleben durch eine Nebentätigkeit in einem anderen Feld anreichern. Im Coaching entwickeln die Scanner-Führungskräfte also ein tiefes Verständnis dafür, welche Ziele für sie motivierend und machbar sind, weil sie im Einklang mit ihren Stärken und den Bedürfnissen ihrer Persönlichkeit stehen. Dies führt nicht nur zu besseren Ergebnissen für das Unternehmen, sondern auch zu einer größeren Zufriedenheit im Arbeitsalltag.

Wahrnehmung psychologischer Faktoren Ein weiterer Aspekt, den Scanner-Führungskräfte lernen, wenn sie einen auf ihre Persönlichkeit spezialisierten Coach an der Seite haben, ist, dass nicht nur Zahlen, Daten und Fakten den Erfolg eines Unternehmens und ihre eigene Leistung und Zufriedenheit bestimmen, sondern auch psychologische Faktoren, wie die Persönlichkeit. Die Erkenntnis, dass psychologische Aspekte genauso wichtig sind wie wirtschaftliche Kennzahlen, verändert die Art und Weise, wie Scanner-Führungskräfte ihre Rolle im Unternehmen wahrnehmen und ausfüllen.

Langfristige Persönlichkeitsentwicklung Das Coaching fördert die Persönlichkeitsentwicklung der Scanner-Führungskräfte auch langfristig, wenn sie einen Coach haben, der ihnen ihre Persönlichkeitsstruktur authentisch nahebringen kann. Sie lernen, sich und ihre Tausendsassa-Persönlichkeit zu verstehen, anzunehmen und sie als Stärke statt als Schwäche zu betrachten. Durch diese Selbstakzeptanz können sie Blockaden überwinden, kreative Lösungen finden und die Grundlage für eine erfüllte und produktive berufliche Laufbahn schaffen, in der sie ihr volles vielfältiges Potenzial entfalten.

Insgesamt hilft der Coach als Persönlichkeitsexperte den Scanner-Führungskräften, ihr volles Potenzial zu entfalten, ohne ihre Vielseitigkeit und Kreativität einzuschränken. Sie verstehen, dass ihre Persönlichkeit nicht „anders" oder „falsch" ist, sondern dass sie auf ihre eigene Art sehr nützlich ist. Führungskraft und Tausendsassa Tamara Moser: **„Tausendsassa sein hat den tollen Vorteil, dass das Leben unglaublich reich und vielseitig ist – tief und breit. Es wird nie langweilig und**

obwohl diese Vielseitigkeit oft auch Schwierigkeiten mit sich bringt, so finde ich sie sehr erfüllend." Diese Erkenntnis führt zu einem nachhaltigeren und erfüllenderen Erfolg – sowohl für die Führungskraft selbst als auch für das Unternehmen, in dem sie tätig ist.

Literatur

Böning, U. (2013). Topmanagement-Coaching: Formel-1-Coaching oder Business as usual? In E. Lippmann (Hrsg.), *Coaching* (S. 125–147). Springer.
Künzli, H. (2013). Wirksamkeitsforschung im Führungskräftecoaching. In E. Lippmann (Hrsg.), *Coaching* (S. 370–385). Springer.
Witherspoon, R., & White, R. P. (2007). Executive coaching: A continuum of roles. In R. R. Kilburg & R. C. Diedrich (Hrsg.), *The wisdom of coaching: Essential papers in consulting psychology for a world of change* (S. 103–111). American Psychological Association.

Das Coaching vielseitiger Führungskräfte

Führungskräfte mit Scanner-Persönlichkeit sind eine besondere Coaching-Zielgruppe, die aufgrund ihrer Persönlichkeitsausprägung spezielle Stärken, Bedürfnisse und Herausforderungen in ihrem beruflichen und persönlichen Leben haben. Diese müssen Coaches kennen, verstehen und berücksichtigen, wenn das Coaching wirksam sein soll.

Bei Tausendsassa-Führungskräften ist es im Coaching besonders wichtig, dass sie ihre Scanner-Natur verstehen und akzeptieren lernen und eine klare berufliche Vision entwickeln. Weitere Erfolgsfaktoren beim Coaching vielseitiger Führungskräfte sind die Bewältigung von Ablenkung und Überforderung sowie die Bewältigung innerer Konflikte und Selbstzweifel. Ich lege die Gründe hierfür dar und gebe Hinweise auf Techniken und Vorgehensweisen, mit denen Coaches hier helfen können.

Abschließend wird dargestellt, wie Coaches die Entscheidungskompetenz vielseitiger Führungskräfte stärken können, ein wesentlicher Faktor bei Menschen mit Scanner-Persönlichkeit.

10.1 Verständnis und Akzeptanz der Scanner-Natur

Multitalentierte Führungskräfte mit Scanner-Persönlichkeit fühlen sich oftmals „anders" und nicht immer verstanden in einer Welt, die in der Regel Spezialisierung fordert und belohnt. Dies ist insofern nicht verwunderlich, ist doch die überwiegende Mehrheit der Menschen ohne Scanner-Persönlichkeit unterwegs (vgl. Kap. 2). Eine Schlüsselkomponente bei der Arbeit mit diesen vielseitigen Führungskräften ist daher, dass sie ihre Scanner-Natur erkennen und anerkennen (vgl. auch Kap. 9).

Hierfür ist ein wesentlicher erster Schritt, ein Verständnis für die eigene Scanner-Persönlichkeit zu schaffen, derer sich viele vielseitige Führungskräfte nicht bewusst sind. Der Coach sollte den Klienten für die speziellen Herausforderungen und Chancen sensibilisieren, die Führungskräfte mit vielfältigen Interessen und Fähigkeiten in ihrem beruflichen und persönlichen Leben haben (vgl. Kap. 1, 2 und 3).

Das Verständnis und im zweiten Schritt die Akzeptanz ihrer Scanner-Natur sind entscheidend für ihren beruflichen Erfolg und ihre persönliche Zufriedenheit. Business Coaches können und sollten hier helfen, dass vielseitige Führungskräfte ihre Einzigartigkeit als Asset betrachten und ihr Selbstbewusstsein in Bezug auf ihre Vielseitigkeit stärken.

Durch gezielte Gespräche, Selbstreflexion und praktische Übungen können Coaches dazu beitragen, dass diese Führungskräfte ihre Tausendsassa-Natur nicht mehr als Hindernis, sondern als wertvolle Ressource sehen, die sie nutzen können, um in ihrem Beruf und ihrem Leben erfolgreich zu sein.

10.2   Entwicklung einer klaren beruflichen Vision

Ein wichtiges Coaching-Anliegen von Führungskräften mit Scanner-Persönlichkeit ist, eine klare berufliche Vision zu entwickeln, die ihre vielfältigen Interessen und Talente integriert und zu ihrer besonderen Persönlichkeit passt. Dies erfordert eine intensive Auseinandersetzung mit ihren Fähigkeiten, Bedürfnissen und Leidenschaften und der Art und Weise, wie diese im Beruflichen zur Geltung kommen können.

Führungskräfte mit vielfältigen Interessen haben oft das Potenzial, in verschiedenen Bereichen erfolgreich zu sein. Erkennen sie Verbindungen zwischen ihren persönlichen Fähigkeiten, Bedürfnissen und Leidenschaften und dem, was sie beruflich erfolgreich macht, können sie ihre Energie und Ressourcen effektiver einsetzen und damit beruflich erfolgreicher und zufriedener werden, als wenn sie sich auf einen Bereich oder ein spezifisches Thema konzentrieren.

Eine multitalentierte Führungskraft könnte beispielsweise eine Leidenschaft für Nachhaltigkeit und Umweltschutz haben, die sie bisher nicht direkt in ihrer beruflichen Rolle integriert hat. Indem sie im Coaching gezielt Verknüpfungen zwischen Leidenschaften und aktuellen Tätigkeiten betrachtet, kann sie erkennen, dass sie Nachhaltigkeit und Umweltschutz mit ihrer Tätigkeit in der Prozessoptimierung verknüpfen kann. Die Führungskraft könnte beschließen, ihre persönliche Leidenschaft aktiv in ihre berufliche Rolle einzubringen, und Projekte zur Integration nachhaltiger Maßnahmen in die Produktionsprozesse initiieren sowie umweltfreundliche Initiativen im Unternehmen fördern. Diese Verbindung zwischen persönlichen Überzeugungen und beruf-

lichem Tun, die Integration der eigenen Leidenschaften in strategische Unternehmensziele, führt nicht nur dazu, dass die Führungskraft ihre Ressourcen und Fähigkeiten effektiver nutzt, sondern auch, dass sie bei ihrer Arbeit mehr Sinn empfindet.

Um eine integrierende berufliche Vision mit einer Scanner-Führungskraft zu entwickeln, ist es sinnvoll den beruflichen roten Faden (nach J. Scheld; vgl. Bauer, 2017,
S. 22–24), den so genannten Tausendsassa-Fokus, einer multitalentierten Person
herauszuarbeiten, denn auch vielseitige Personen haben einen solchen Fokus, der all
ihrem leidenschaftlichen Tun zugrunde liegt. Dieser rote Faden, der sich durch all jene
Tätigkeiten zieht, die eine Person wirklich gerne macht, kann inhaltlicher Natur sein,
also ein wiederkehrendes Thema, zum Beispiel die Gleichberechtigung von Mann
und Frau, New Work oder historische Zusammenhänge. Der Tausendsassa-Fokus
kann aber auch eine konkrete praktische Tätigkeit sein, wie etwa Übersetzen, Lehren,
Helfen oder Umsetzen. Drittens kann der Tausendsassa-Fokus, der rote Faden, auch
übergeordneter Natur sein, eine grundlegende Überzeugung oder Lebenshaltung, wie
Achtsamkeit, Zivilcourage oder Nachhaltigkeit.

Coaches unterstützen Tausendsassa-Klienten dabei, ihren roten Faden zu finden,
indem sie deren Interessen und Talente herausfiltern und durch gezielte Gespräche
und Reflexion helfen, Klarheit über ihre Leidenschaften zu gewinnen. Gemeinsam
werden dann zugrunde liegende Muster identifiziert und dasjenige Muster heraus-
gearbeitet, welches allen tiefen Leidenschaften des Klienten zugrunde liegt, der individuelle Tausendsassa-Fokus.

Ist der Tausendsassa-Fokus gefunden, sollte im nächsten Schritt erarbeitet werden,
wie die Führungskraft ihre berufliche Aktivität so ausrichten kann, dass diese auf ihren
Fokus einzahlt oder dass der Tausendsassa-Fokus zu Genüge außerhalb des Berufs be-
dient und ausgelebt werden kann. Dies kann bedeuten, die aktuelle Tätigkeit beim aktuellen Arbeitgeber unverändert zu lassen, weil sie bereits dem Tausendsassa-Fokus
voll und ganz entspricht. Es könnte aber auch bedeuten, die aktuelle Rolle oder Funktion, den Bereich oder die Verantwortlichkeiten anzupassen, zum Beispiel mehr im
Personalwesen mitzuarbeiten oder einige Projekte im Bereich Corporate Social Res-
ponsibility durchzuführen, falls der eigene Tausendsassa-Fokus in der Begleitung von
Menschen oder beim Thema „Umweltschutz" oder ähnlichem liegt.

Es wäre auch denkbar, die aktuelle berufliche Tätigkeit unangetastet zu lassen und
sich zusätzlich außerhalb zu betätigen – als Musiklehrer, Künstler, in der Kirchen-
gemeinde, bei Naturschutzorganisationen oder wo auch immer die Führungskraft
ihren Tausendsassa-Fokus ausleben kann. Hat eine multitalentierte Führungskraft
zum Beispiel die große Neigung, kreativ tätig zu sein, kann dies in ihrer aktuellen
Position jedoch nur unzureichend einbringen, könnte sie nebenberuflich als zweites
Standbein oder ehrenamtlich als Illustrator oder dergleichen arbeiten.

Ein Beispiel: Eine multitalentierte Führungskraft in der Marketingbranche hat Erfahrung in verschiedenen Bereichen wie Marktforschung, Content-Erstellung und Social-Media-Management. Sie erkennt im Coaching, dass ihr roter Faden in der Fähigkeit liegt, komplexe Informationen verständlich zu vermitteln und eine stimmige Markengeschichte zu entwickeln. Die Führungskraft behält ihre aktuelle Position als Marketingdirektorin bei, entscheidet sich jedoch dafür, ihren Zuständigkeitsbereich nachzujustieren. Sie entwickelt vermehrt Storytelling-Strategien und agiert in der gezielten Markenkommunikation. Durch diese Nachschärfung nutzt sie ihren Tausendsassa-Fokus, um einen Mehrwert für das Unternehmen zu schaffen und selbst zufriedener zu sein, indem sie nun öfter ihre Stärke und Leidenschaft einer verständlichen Kommunikation ausübt. Dabei bleibt sie ihrer multitalentierten Natur treu, integriert jedoch ihre Talente mehr als bisher in ihre bestehende Führungsposition, um ihre Stärken und Leidenschaften einzubringen und sich beruflich fokussierter und klarer zu fühlen.

10.3   Bewältigung von Ablenkung und Überforderung

Führungskräfte sind vielen Anforderungen und Interessen ausgesetzt, externen wie internen, was zu Unsicherheiten und Überforderung führen kann, wenn die Selbstmanagementkompetenz nicht hoch genug ist (vgl. Regnet, 2014, S. 29). Speziell Scanner-Führungskräfte sind hierfür aufgrund ihrer Persönlichkeitsstruktur sehr anfällig. Coaches können unterstützen, indem sie Techniken des Selbst- und Zeitmanagements vermitteln, die speziell auf die Bedürfnisse dieser Zielgruppe zugeschnitten sind, und diesen Führungskräften helfen, ihren (Arbeits-)Alltag effizient und effektiv zu organisieren. Das umfasst auch die Entwicklung von Selbstorganisationsfähigkeiten, um den Konzentrationsfokus aufrechtzuerhalten und Ablenkungen zu minimieren (vgl. Kap. 6).

Zudem ist es bei Führungskräften mit Scanner-Persönlichkeit essenziell, einen Blick auf das Energieniveau dieser Personen zu richten. Oftmals arbeiten diese vielseitigen Manager über ihrem Limit, nicht nur, was den Workload und Mental Load anbelangt, sondern auch die Qualität ihrer Arbeit (Stichwort Perfektionismus, vgl. Kap. 7) und das Engagement, wie sehr sie sich also in Aufgaben und Projekte reingeben. Gefangen in ihrer Begeisterung, Motivation und Geschwindigkeit, sehen sie oftmals zu spät, wann ihre körperlichen Grenzen erreicht sind, machen kaum Pausen, arbeiten an verschiedenen Dingen gleichzeitig und planen dabei schon die nächsten.

Damit sie nicht Burnout, Depression oder andere schwerwiegende stressbedingte Erkrankungen entwickeln, wie Herzinfarkt, Schlaganfall, Schlafstörungen oder ähnliches, ist es die Aufgabe eines Coaches, gemeinsam mit der Führungskraft ungesunde Verhaltensmuster aufzudecken und effektive Gegenmaßnahmen zu entwickeln sowie deren Umsetzung zu begleiten und nachzuhalten (vgl. Kap. 7 und 9). Neben akuten Bewältigungsstrategien ist es auch wichtig, den Klienten dabei zu begleiten, Präventionsmechanismen zu entwickeln und Selbstfürsorge in seinen Lebensstil zu integrieren. Dies trägt dazu bei, die langfristige Gesundheit und Leistungsfähigkeit der Führungskraft zu erhalten sowie ihren beruflichen Erfolg und persönliche Erfüllung zu sichern.

10.4 Bewältigung von Selbstzweifeln und Hochstapler-Syndrom

Führungskräfte mit einer Scanner-Persönlichkeit sind oft mit inneren Konflikten und Selbstzweifeln konfrontiert, die ihren beruflichen Erfolg und ihre Zufriedenheit beeinflussen können. Sie befinden sich als Generalisten in der Regel in einer Position, in der sie von zahlreichen Spezialisten umgeben sind, und stellen sich dann mitunter die Frage, ob sie wirklich in der Lage sind, gegenüber ihren hoch spezialisierten Fachkollegen zu „bestehen". Zusätzlich bringt die Scanner-Persönlichkeit einen hohen Anspruch an sich und andere mit sich, sodass sich diese Personen selbst gegenüber häufig sehr kritisch eingestellt sind.

So wie beispielsweise meine Klientin und Führungskraft Constanze S.: Nachdem Constanze zur Abteilungsleiterin bei einem Sportartikelhersteller befördert worden war, kämpfte sie mit starken Selbstzweifeln. Sie hatte jahrelange Erfahrung und Expertise in ihrem Bereich, aber die neue Position als Abteilungsleiterin brachte eine höhere Verantwortung und Sichtbarkeit mit sich. Constanze sah sich mit neuen und komplexeren Herausforderungen konfrontiert, was ihre Selbstzweifel verstärkte. Die Angst vor dem Versagen und der Druck, ständig ihre Kompetenz beweisen zu müssen, belasteten sie zunehmend. Sie befürchtete, dass sie den Erwartungen nicht gerecht werden und es auffliegen könne, dass sie eigentlich gar nicht so viel kann, wie die anderen glaubten.

Dieses Phänomen wird als „Hochstapler-Syndrom" bezeichnet: Menschen haben trotz ihrer objektiven Erfolge und Fähigkeiten das Gefühl, dass sie nicht gut genug sind, und fürchten, jeden Moment entlarvt zu werden (vgl. z. B. Bravata et al., 2020). Viele Menschen mit Scanner-Persönlichkeit kennen dieses Phänomen, da sie vieles sehr gut können, aber sich selten auf einem Gebiet wirklich als Spezialist fühlen, obwohl sie als solcher agieren müssen (und das objektiv betrachtet in der Regel auch selbstbewusst tun könnten).

Coaches von vielseitigen Führungskräften können ihre Klienten in dieser Situation dabei unterstützen,

- sich bewusst mit ihren Selbstzweifeln auseinanderzusetzen, um die Wurzeln dieser Gefühle zu verstehen und herauszufinden, in welchen Situationen sie am stärksten auftreten,
- ihre individuellen Fähigkeiten, Erfolge und Stärken zu sehen und als solche anzuerkennen,
- ein Fremdbild zu bekommen, das ihre Kompetenz objektiviert,
- konkrete Bewältigungsstrategien zu entwickeln, um mit Selbstzweifeln umzugehen.

Durch diesen Prozess gewinnen die multitalentierten Führungskräfte an Selbstvertrauen, stärken ihr Selbstbewusstsein und entwickeln ein Gefühl der Selbstwirksamkeit.

10.5   Entwicklung der Fähigkeit zur fundierten Entscheidungsfindung

Personen mit Scanner-Persönlichkeit haben oft Schwierigkeiten, Entscheidungen zu treffen. Dies hat mehrere Gründe:

- **Überforderung durch Vielzahl an Optionen:** Menschen mit Tausendsassa-Persönlichkeit nehmen Impulse gerne und automatisch auf und spinnen diese zu vielen weiteren Impulsen weiter. Sie sind von vielen verschiedenen Interessen und Leidenschaften sowie dem Wunsch nach Abwechslung, Neuem und Veränderung angetrieben, ziehen immer wieder neue Querverbindungen und generieren dadurch eine Vielzahl an Ideen. Dies führt dazu, dass sie immer diverse verschiedene Möglichkeiten sehen bzw. Optionen zur Auswahl haben. Bei der Entscheidungsfindung können sie sich daher unsicher und überfordert fühlen, welche der Möglichkeiten sie priorisieren sollen.
- **Perfektionismus und Angst vor Fehlern:** Scanner-Persönlichkeiten legen oft hohe Standards an sich selbst an und möchten keine Fehler machen. Diese Angst vor Fehlern kann dazu führen, dass sie Entscheidungen scheuen (Anderson et al., 2003), da sie befürchten, die falsche Wahl zu treffen. Dies kann bis zu Entscheidungsparalyse führen, in der die Personen unfähig sind, überhaupt noch Entscheidungen zu treffen (Huber et al., 2012). Keine Entscheidung zu treffen, ist aber eine Entscheidung für den Status quo.
- **Angst vor Einschränkung und FOMO:** Sich auf eine bestimmte Option festzulegen, heißt in der Regel, alle anderen Möglichkeiten auszuschließen. Menschen mit Scanner-Persönlichkeit haben hiermit besondere Schwierigkeiten, da sie aufgrund ihrer Persönlichkeitsstruktur vielseitig unterwegs, frei und breit

aufgestellt sein wollen und müssen. Sie leiden darunter, sich einzuschränken, und viele entwickeln eine Angst, etwas zu verpassen, eine so genannte „FOMO", Fear of Missing Out (vgl. Gupta & Sharma, 2021). Diese Angst kann dazu führen, dass sich Scanner-Personen auch über einen langen Zeitraum nicht auf eine Option festlegen und stattdessen die Entscheidung vor sich herschieben.

- **Fehlende langfristige Perspektive:** Personen mit Tausendsassa-Persönlichkeit sind sehr neugierig und lieben es, neue Dinge auszuprobieren. Dies kann dazu führen, dass sie sich schnell langweilen oder/und häufig ihre Interessen und Ziele ändern. Das trifft besonders auf eine Untergruppe der Scanner-Persönlichkeiten zu, nämlich den Turbo-Wechsler nach Barbara Sher (2008, S. 269–278; vgl. Kap. 2). Dies erschwert die Entscheidungsfindung, da diese Personen keine langfristige Perspektive einnehmen möchten oder können, auf Grundlage derer sie eine fundierte Entscheidung treffen könnten.

Ein Beispiel: Michael ist leitender Manager in einem Technologieunternehmen und mit der Produktentwicklung betraut. Seine Abteilung ist für die Einführung neuer Produkte und Technologien verantwortlich und er muss regelmäßig entscheiden, in welche Projekte und Innovationen Ressourcen investiert werden sollen. Michael ist als Scanner-Person von Natur aus neugierig, hat vielfältige Interessen und die Fähigkeit, übergreifend zu denken und Ideen zu generieren. Er sieht ständig neue Technologien auf dem Markt und Möglichkeiten für sein Unternehmen. Aufgrund seines breiten Wissens und seines Gespürs für neue Ideen und Optionen fühlt er sich jedoch oft überfordert und hin- und hergerissen zwischen verschiedenen Innovationsprojekten. Er kann nur schwer entscheiden, welchem er Priorität geben soll. Dies führt zu Verzögerungen bei der Umsetzung und potenziell zu Frustration bei seinem Team, der Geschäftsführung und externen Stakeholdern.

Diesen vielseitigen Führungskräften können Business Coaches bei der Entscheidungsfindung helfen, indem sie gemeinsam die Werte, Ziele und langfristigen Visionen der Führungskraft analysieren und die Ressourcen betrachten, die sie zur Entscheidungsfindung zur Verfügung hat, wie beispielsweise ein kompetentes Team. Sie können Techniken zur Priorisierung und Bewertung von Optionen vermitteln, um eine fundierte Entscheidung zu treffen. Darüber hinaus können Coaches dazu beitragen, die Ängste und Unsicherheiten zu überwinden, die mit der Wahl einer Richtung einhergehen, und damit Führungskräften helfen, selbstbewusst Entscheidungen zu treffen, die ihrer Vielfalt gerecht werden und zu beruflichem Erfolg führen.

In die Praxis – Die Entscheidungskompetenz der Klienten entwickeln
Coaches haben das Potenzial, die generelle Entscheidungskompetenz von Führungskräften mit Scanner-Persönlichkeit auch langfristig bedeutend zu verbessern, indem sie ihnen dabei helfen, ihre persönlichen Entscheidungsprozesse zu optimieren.
Hierbei sind folgende Schritte hilfreich:

1. Vermittlung grundlegender Kenntnisse über Entscheidungen, ihre kognitive Fundierung und verschiedene Arten von Entscheidungen
2. Analyse vergangener Entscheidungen und die Identifizierung von Mustern bei der Entscheidungsfindung
3. Herausarbeiten des persönlichen Entscheidungstyps: Kopf- (Ratio), Bauch- (Intuitio) und Herz-Entscheider (Emotio) (vgl. von Witzleben, 2019)
4. Entwicklung für den persönlichen Entscheidungstyp spezifischer Strategien bzw. Vermittlung spezifischer Methoden, beispielsweise des Tetralemmas (Fritzsche, 2012), um bei sehr verkopften Menschen mehr das Gefühl in eine Entscheidung einzubeziehen, oder die Entwicklung spezifischer Kriterien, die bei der Bewertung von Optionen und Alternativen berücksichtigt werden sollen, um mehr die Ratio in eine Entscheidung einzubeziehen
5. Vermittlung von Techniken zur Stressbewältigung und Emotionsregulation (siehe Kap. 7), um in stressigen Situationen klar zu denken und Emotionen von Entscheidungen zu trennen

Literatur

Anderson, C. J., Baron, J., Connolly, T., Ji, L., Riis, J., Roese, N., Shafir, E., Tsiros, M., Yates, F., & Zeelenberg, M. (2003). The psychology of doing nothing: Forms of decision avoidance result from reason and emotion. *Psychological Bulletin, 129*(1), 139–167.

Bauer, A. (2017). *Vielbegabt, Tausendsassa, Multitalent? Achtsame Selbstfürsorge für Scannerpersönlichkeiten.* Junfermann.

Bravata, D. M., Watts, S. A., Keefer, A. L., Madhusudhan, D. K., Taylor, K. T., Clark, D. M., Nelson, R. S., Cokley, K. O., & Hagg, H. K. (2020). Prevalence, predictors, and treatment of impostor syndrome: A systematic review. *Journal of General Internal Medicine, 35*(4), 1252–1275.

Fritzsche, D. (2012). Das Tetralemma – ein Tool für die Entscheidungsfindung. *Coaching-Magazin, 2012*(3), 38–41.

Gupta, M., & Sharma, A. (2021). Fear of missing out: A brief overview of origin, theoretical underpinnings and relationship with mental health. *World Journal of Clinical Cases, 9*(19), 4881–4889.

Huber, F., Köcher, S., Vogel, J., & Meyer, F. (2012). Dazing diversity: Investigating the determinants and consequences of decision paralysis. *Psychology and Marketing, 29*(6), 467–478.

Regnet, E. (2014). Der Weg in die Zukunft – Anforderungen an die Führungskraft. In L. Rosenstiel, E. Regnet, & M. E. Domsch (Hrsg.), *Führung von Mitarbeitern: Handbuch für erfolgreiches Personalmanagement* (S. 29–45). Schäffer-Poeschel.

Sher, B. (2008). *Du musst dich nicht entscheiden, wenn du tausend Träume hast*. Deutscher Taschenbuch.

von Witzleben, G. (2019). *Das triadische Prinzip: Minimalinvasive Psychologie mit Bauch, Herz und Kopf*. Carl Auer.

Coaching-Ansätze zur Entwicklung von vielseitigen Managern

11

In diesem Kapitel werden ausgewählte Coaching-Ansätze vorgestellt, mit denen vielseitige Manager mit Tausendsassa-Persönlichkeit besonders gut unterstützt werden können: stärkenbasiertes Coaching, in welchem die Bedürfnisse und Stärken der Führungskraft identifiziert und ihre Stärkenorientierung entwickelt werden; leidenschaftsorientiertes Coaching, das die Führungskraft dabei unterstützt, ihre Leidenschaften zu erkennen und ihre berufliche Entwicklung danach auszurichten; zielorientiertes Coaching, welches den Klienten ermächtigt, seine Ziele klarer zu sehen, und die Zielerreichung stärkt; szenariobasiertes Coaching, in dem Situationen erprobt bzw. analysiert werden, um die Flexibilität und Handlungsfähigkeit des Klienten zu stärken; resilienzorientiertes Coaching, welches die Stärkung der Widerstandsfähigkeit zur Grundlage erfolgreicher Veränderung macht.

Es wird dargelegt, was diese Coachingansätze auszeichnet und weswegen sie gerade für Führungskräfte mit Scanner-Persönlichkeit besonders sinnvoll und gewinnbringend sind.

11.1 Stärkenbasiertes Coaching

Häufig höre ich in Coaching-Vorgesprächen mit Scanner-Persönlichkeiten Sätze wie

- „Ich weiß nicht, was ich kann."
- „Es fällt mir so vieles leicht, was kann ich denn wirklich?"
- „Ich kann vieles, aber eigentlich nichts richtig."

© Der/die Autor(en), exklusiv lizenziert an Springer Fachmedien Wiesbaden GmbH, ein Teil von Springer Nature 2025
S. Gierhan, *Führungskräfte-Coaching für vielseitige Manager*,
https://doi.org/10.1007/978-3-658-47220-7_11

Wenn sich Personen mit Scanner-Persönlichkeit umschauen, so sehen sie um sich herum fast nur Spezialisten, denn ca. 90 % der Bevölkerung – also fast alle Menschen in ihrem Umfeld –, sind eher spezialisiert als generalistisch unterwegs: Die meisten Menschen sind in einem Themenfeld oder Bereich besonders gut und interessiert. Im Gegensatz dazu tut sich der Tausendsassa gerne auf vielen verschiedenen Gebieten um und hat viele verschiedene Begabungen. Wenn er sich nun mit den Menschen um sich herum vergleicht, führt dies unweigerlich dazu, dass sich der Generalist (genauer: der Neo-Generalist bzw. der Mensch mit Scanner-Persönlichkeit) schlechter vorkommt, sich gegenüber Spezialisten nicht so versiert oder kompetent fühlt.

Hinzu kommt, dass sich Scanner-Persönlichkeiten ihre Fähigkeiten und Talente in der Regel schneller und/oder leichter angeeignet haben als Menschen ohne dieses Persönlichkeitsmerkmal. Viele Begabungen und das Talent, sich neue Dinge anzueignen, sind ihnen „in die Wiege gelegt". Auch Wissen können sie häufig rasch und mit wenig Mühe erwerben. So geschieht es, dass sie ihre Fähigkeiten und Kenntnisse oft geringer einschätzen als die Fähigkeiten und Kenntnisse ihrer Spezialisten-Kollegen. Es fühlt sich so an, als sei nur das etwas wert, das mit viel Zeit, Energie und Mühe erlernt wurde.

In dieser Situation ist es hilfreich, im Coaching einen Blick auf die Stärken und Potenziale der multitalentierten Personen zu richten, da sie eine große Zahl von Talenten besitzen, sich ihrer aber nicht gewahr sind oder häufig nicht wissen, welche nun besonders stark ausgeprägt und daher wirkliche Stärken sind. Dabei ist es möglich, Stärken im Coaching nicht nur punktuell zu betrachten, sondern den gesamten Coachingprozess danach auszurichten. In solch einem stärkenbasierten Coaching analysiert der Business Coach gemeinsam mit der Führungskraft deren individuelle Stärken und Potenziale und gestaltet den Coachingprozess auf dieser Grundlage.

Anhand von Tools wie Stärkenprofilen oder Persönlichkeitstests werden im stärkenbasierten Coaching diejenigen Stärken identifiziert, deren Weiterentwicklung für die Führungspraxis besonders vielversprechend sind (siehe auch Kap. 3). Zudem ist es zielführend, wenn ein Business Coach seinem Klienten Feedback über seine Stärken gibt und ihn dazu ermutigt, diese weiterzuentwickeln und einzusetzen. In den höheren Ebenen der Hierarchie ist es bekanntlich recht einsam und so haben Führungskräfte selten Gelegenheit, ehrliches und unverzerrtes Feedback zu erhalten (Witherspoon & White, 2007, S. 225).

Im weiteren Verlauf des stärkenbasierten Coachings unterstützen Coaches ihre Klienten dabei, ihre Stärken als Grundlage für berufliche Ziele zu nehmen, und entwickeln gemeinsam mit ihnen Strategien, um diese Ziele zu erreichen. Dabei ist ein ressourcenorientierter Dialog vielversprechend, in dem die vielseitige Führungskraft einen Blick für vorhandene und benötigte Ressourcen bekommt und die Grundlage legt, Lösungen für ihre Herausforderungen zu finden.

Darüber hinaus verwenden Coaches stärkenbasierte Interventionen und Übungen, um die Stärken ihrer Klienten zu fördern und zu entwickeln. Der Fokus auf Stärken wird im gesamten Coachingprozess aufrechterhalten, von der Exploration bis hin zur Umsetzung von Maßnahmen. Durch diese stärkenbasierte Herangehensweise können Coaches ihren Klienten helfen, ihr Defizitdenken zu verlassen, Hochstapler-Gedanken zu reduzieren (vgl. Kap. 10), Selbstvertrauen aufzubauen, ihr Generalistentum wertzuschätzen und bestenfalls in der Folge ihr volles Scanner-Potenzial auszuschöpfen. Im Sinne eines individuellen Ansatzes (vgl. Kap. 8) ist ein stärkenbasiertes Coaching dabei stets mit den zusätzlichen Bedürfnissen und Bedarfen des Klienten abzugleichen und flexibel anzupassen.

11.2 Leidenschaftsorientiertes Coaching

Neben ihren Stärken ist für Führungskräfte mit Scanner-Persönlichkeit vor allem das Verständnis ihrer Leidenschaften unabdingbar, da sie zwar sehr vieles können, aber bei weitem nicht alles gerne machen. Sind sich multitalentierte Führungskräfte ihrer Leidenschaften nicht bewusst, kann es passieren, dass sie in ihrer Führungsposition viele Aufgaben machen, die sie zwar gut können, die sie aber nicht erfüllen. Sie werden unzufrieden und bleiben mit ihren Leistungen hinter ihren Potenzialen zurück. Daher ist ein wichtiger Punkt im Coaching multitalentierter Führungskräfte, die Leidenschaften der Klienten herauszuarbeiten (vgl. Kap. 10).

„Leidenschaft" bezieht sich auf die tiefe emotionale Verbundenheit zu einer bestimmten Tätigkeit, einem Thema oder einem Ziel. Es ist das Feuer, das Menschen antreibt, sie inspiriert und ihnen eine starke Motivation verleiht, Ziele zu verfolgen, aktiv zu werden und Hindernisse zu überwinden.

Wenn Führungskräfte Aufgaben ausführen, die ihrer Leidenschaft entsprechen, steigert dies ihren Fokus und ihr Wohlbefinden (Vallerand & Houlfort, 2003), ihre Zufriedenheit (Landay et al., 2024), Motivation, Kreativität (Pollack et al., 2020) und Entscheidungsfähigkeit, da Leidenschaft für bestimmte Aufgaben oft zu einem tieferen Verständnis der Materie führt, wodurch die Führungskräfte kompetenter und sicherer in ihren Entscheidungen werden. Sie wirken darüber hinaus authentischer auf ihre Mitarbeitenden, was Vertrauen schafft und die Bindung zwischen der Führungskraft und den Mitarbeitern stärken kann. Wer leidenschaftlich bei einer Sache ist, kann auch stressige Situationen besser verkraften. Durch das Verständnis ihrer Leidenschaften und indem sie ihre Energie in Bereiche lenken, die ihnen wirklich am Herzen liegen und in denen sie ihre größte Wirkung entfalten, können Führungskräfte mit Tausendsassa-Persönlichkeit also nicht nur ihre persönliche Zufriedenheit steigern, sondern auch ihre Führungsqualitäten und das Unternehmensoutcome verbessern.

Im Business Coaching können verschiedene Methoden verwendet werden, um den Leidenschaften einer Scanner-Person auf den Grund zu gehen und diese herauszuarbeiten, zum Beispiel:

- **Interesseninventar**: Der Klient erstellt gemeinsam mit dem Business Coach eine Liste seiner Interessen, Hobbys und Leidenschaften. Diese Liste kann dann gesichtet und analysiert werden, um Muster und zugrundeliegende Themen zu identifizieren.
- **Werteanalyse**: Indem der Coach den Klienten dazu anregt, über seine persönlichen Werte und Überzeugungen nachzudenken, können tiefer liegende Motivationen und Leidenschaften aufgedeckt werden. Wenn eine Tätigkeit im Einklang mit den eigenen Werten steht, ist die Wahrscheinlichkeit höher, dass sie als leidenschaftlich empfunden wird.
- **Visualisierungstechniken**: Durch Visualisierungstechniken, wie mentale Reisen oder ein Vision Board, hilft der Coach dem Klienten dabei, sich in verschiedene Szenarien emotional hineinzuversetzen und dabei zu beobachten, welche Aktivitäten oder Ziele ihn besonders begeistern oder motivieren.
- **Tausendsassa-Fokus**: Durch gezielte Fragen und reflexive Übungen kann der Coach den Klienten dabei unterstützen, über seine vergangenen Erfahrungen, leidenschaftliche Tätigkeiten und Momente der Begeisterung nachzudenken und einen sich durchziehenden roten Faden zu finden. Dabei liegt der Fokus auf den Tätigkeiten, die dem Klienten eine tiefe Freude, Befriedigung und ein Gefühl des Wohlseins bereitet haben (Gierhan, 2022a; vgl. auch Kap. 10).
- **IKIGAI**: Der Coach kann den Klienten durch die IKIGAI-Methode (z. B. Inami, 2014) führen, indem er ihn dazu ermutigt, über vier zentrale Fragen nachzudenken: Was liebe ich? Worin bin ich gut? Wofür kann ich bezahlt werden? Was braucht die Welt? Die Schnittmenge dieser Fragen bildet dann eine Art „Bestimmung": eine Tätigkeit, die der Klient gut kann und gerne macht und die sowohl sinnstiftend als auch profitabel ist, auch bezeichnet als IKIGAI (wobei das ursprüngliche Konzept hierunter mehr eine Lebenseinstellung als eine Tätigkeit versteht, vgl. Mieko, 1966; Mogi, 2020).

Durch die Kombination dieser Methoden kann im Coaching ein umfassendes Bild der Leidenschaften der vielseitigen Führungskraft entstehen, was es ermöglicht, diese gezielt und vermehrt in die Aufgabenbeschreibung der Führungsrolle zu integrieren. Die Führungskraft kann ihre Arbeit und Projektauswahl, Entscheidungen und Einsätze so gestalten, dass sie sie bestmöglich motivieren und dadurch auch möglichst rentabel für das Unternehmen sind.

11.3   Zielorientiertes Coaching

Multitalentierte Führungskräfte mit Tausendsassa-Persönlichkeit sehen sich mit einer Vielzahl an Aufgaben, Projekten, Interessen, Verpflichtungen und beruflichen Möglichkeiten konfrontiert. Hier Klarheit zu bekommen, einen Mittelfrist-Plan zu erarbeiten und Strategien, um diesen umzusetzen, ist essenziell für eine erfolgreiche Ausübung ihres Jobs und ihre berufliche Zufriedenheit. Dies kann im Coaching durch den Fokus auf klare Ziele erreicht werden. Dabei ist es möglich, diesen Fokus den gesamten Coachingprozess über beizubehalten.

In einem solchen zielorientierten Coaching unterstützt der Business Coach seinen Klienten dabei, klare Ziele zu definieren und einen individuellen Entwicklungs-, Veränderungs- bzw. Maßnahmenplan zu erstellen. Durch gezielte Fragen und Interventionen kann der Coach den Prozess der Selbstreflexion anregen und helfen, die nächsten Schritte zur Zielerreichung zu planen. Dabei ist es wichtig, dass der Coach versteht, dass multitalentierten Führungskräften mit Langfrist-Plänen nicht geholfen ist. Vielseitige Menschen fahren immer „auf Sicht", da sie Abwechslung und Veränderungen brauchen. Langfristpläne machen ihnen eher Angst, engen sie ein, werden ihnen und ihrer Persönlichkeit nicht gerecht.

Um im Coaching zielorientiert vorzugehen, sollten zunächst die Werte, Bedürfnisse und Verantwortlichkeiten des Klienten identifiziert werden – sowohl persönlich als auch bezogen auf seine Position und die Gesamtunternehmensstrategie. Diese dienen als Leitfaden für die Zielsetzung und helfen dabei, Ziele zu wählen, die sowohl mit den individuellen Bedürfnissen und Wünschen des Klienten als auch mit seinen Pflichten und organisatorischen Gegebenheiten in Einklang stehen.

Durch gezielte Fragen helfen Coaches ihren Klienten, ihre Ziele zu präzisieren und deren Bedeutung und Auswirkungen zu reflektieren. Offene Fragen wie „Was möchten Sie (damit) erreichen?", „Was soll verhindert werden? Was soll beibehalten werden?", „Was könnten Nebenwirkungen der Zielerreichung sein?" oder „Warum ist dieses Ziel für Sie wichtig?" können dazu beitragen, Klarheit zu schaffen und die Motivation zu stärken. Darüber hinaus können visuelle Hilfsmittel wie Mind-Maps, Vision Boards oder Zielkarten verwendet werden, um Ziele zu visualisieren und Ziele klarer zu erkennen, zu definieren und zu verstehen.

Um gut mit Zielen arbeiten zu können, ist es wichtig, sie präzise zu formulieren. Folgende Vorgehensweisen, um Ziele zu formulieren, seien beispielhaft genannt:

- **SMART-Ziele setzen**: Indem Coaches mit ihren Klienten SMART-Ziele formulieren, können sie sicherstellen, dass die Ziele klar definiert und umsetzbar sind. „SMART" formulierte Ziele sind spezifisch, messbar, attraktiv, realistisch und terminiert. (Auch wenn diese 5 Kriterien mitunter anders aus dem Englischen übersetzt werden, habe ich mit dieser deutschen Adaptation im Coaching sehr gute Erfahrungen gemacht.)

- **DoubleTRAMS-Methode verwenden:** Um ein Ziel zu erarbeiten, das den fünf SMART-Kriterien entspricht, hilft die DoubleTRAMS-Methode (Gierhan, 2022b, 2023). Hierbei werden die fünf SMART-Kriterien strukturiert zweimal angewandt, um sicherzustellen, dass alle Perspektiven beleuchtet werden. Während das Ziel so formuliert wird, klären sich bereits viele Fragen rund um das Ziel und seine Lösung.
- **S.M.A.R.T.ER-Methode verwenden:** Diese Erweiterung der SMART-Kriterien umfasst die zusätzlichen Elemente „Evaluierung" und „Anpassung" („Re-Adjust") sowie die Berücksichtigung der Umwelt und der Ressourcen. Dadurch wird die Zielklärung noch ganzheitlicher.
- **Motto- oder Haltungsziele erarbeiten:** Diese Arten von Zielen referieren weniger auf spezifische Ergebnisse, sondern auf eine bestimmte Haltung oder einen Wert, der den Klienten durch seine Handlungen und Entscheidungen führt (vgl. Moskaliuk, 2015, S. 19–22). Sie werden oft als Leitsatz formuliert, wie zum Beispiel „Ich schaffe das.", „Stark wie ein Bär.", „Nimm's leicht.", „Ich bin ruhig und entspannt." Motto- oder Haltungsziele sprechen eher die Gefühlsebene an (vgl. Fischer et al., 2024) und können so eine wertvolle Ergänzung zu konkreten SMART formulierten Zielen sein (Rohe et al., 2016; Weber & Storch, 2022).

Sollen Ziele strukturiert und priorisiert werden, kann es helfen, größere Ziele in kleinere, kurzfristig erreichbare Ziele zu unterteilen. Dies erleichtert die Planung und Umsetzung und macht die Ziele greifbarer sowie ihre Erreichung realistischer.

Bei einem zielorientierten Coaching liegt das Hauptaugenmerk unter Beachtung der individuellen Bedarfe des Klienten im gesamten Verlauf des Coachingprozesses also auf Zielen und ihrer Erreichung. Hierbei ist es nicht nur wichtig, die Ziele des Klienten zu definieren und während des Prozesses im Auge zu behalten, sondern es sollte auch ein Gesamtziel für den Coachingprozess formuliert werden, da die Zielklärung ein wesentlicher Erfolgsfaktor im Coaching ist (Behrendt & Greif, 2018, S. 167; vgl. auch Kap. 8).

11.4 Szenariobasiertes Coaching

Multitalentierte Führungskräfte arbeiten oft in verschiedenen Rollen und Kontexten, weshalb sie mit einer Vielzahl an Situationen konfrontiert sind. Coaching, das auf den Einsatz von Szenarien setzt, ermöglicht es den Führungskräften, ihre diversen Rollen in verschiedenen Szenarien zu erproben und zu verbessern. Hierbei werden reale oder hypothetische Situationen simuliert, um praktische Lösungsansätze zu erarbeiten und die Reaktionsfähigkeit zu stärken.

Durch die Arbeit an realistischen Szenarien können die Führungskräfte auch ihre Fähigkeiten zur Problemlösung und Entscheidungsfindung stärken (vgl. auch Kap. 10). Dies ist gerade für multitalentierte Führungskräfte hilfreich, die sich oftmals mit Entscheidungen schwertun aufgrund der Vielzahl an Optionen. Darüber hinaus bietet szenariobasiertes Coaching eine sichere Umgebung, um mit potenziell herausfordernden oder ungewohnten Situationen umzugehen, was dazu beiträgt, Selbstvertrauen und Selbstbewusstsein aufzubauen. Gerade vielseitige Führungskräfte gewinnen so Vertrauen in ihre Fähigkeiten und fühlen sich besser vorbereitet, um mit schwierigen Situationen umzugehen.

Ein Coach kann szenariobasiert arbeiten, indem er

- **Rollenspiele durchführt**: Der Coach und der Klient spielen verschiedene Szenarien durch, die typisch für die Herausforderungen oder die aktuelle Situation des Klienten sind. Dies ermöglicht es dem Klienten, verschiedene Handlungsmöglichkeiten kennenzulernen, zu erproben und einzuüben.
- **Fallstudien verwendet**: Der Coach präsentiert dem Klienten reale oder hypothetische Fallstudien, die für die Führungskraft relevante Situationen oder Probleme widerspiegeln. Der Klient analysiert gemeinsam mit dem Coach die Fallstudien und entwickelt Lösungsstrategien.
- **Simulationen durchführt**: Der Coach erstellt simulierte Situationen, in denen der Klient seine Fähigkeiten und sein Wissen anwenden muss, um bestimmte Ziele zu erreichen oder Probleme zu lösen.

Wichtig bei allen szenariobasierten Übungen ist, dass der Klient mit dem Coach seine Erfahrungen aus den Übungen reflektiert und der Coach dem Klienten konstruktives Feedback zu seinen Reaktionen und Entscheidungen während der Übungen geben kann. Dies hilft dem Klienten, seine Stärken und Schwächen zu erkennen und seine Fähigkeiten sowie Handlungsmöglichkeiten für aktuelle und zukünftige Situationen zu erweitern.

11.5 Resilienzorientiertes Coaching

Scanner-Persönlichkeiten sind von Natur aus vielseitig interessiert, lernwillig und neugierig. Daher haben sie oft viele Verpflichtungen, was zu einem erhöhten Stresslevel führen kann (vgl. Kap. 7). Zudem agieren sie oft in mehreren verschiedenen Rollen und Kontexten, was zum einen interessant, bereichernd und motivierend, jedoch auch zusätzlich belastend sein kann, und tendieren dazu, ihre Arbeit im Flow und mehrere Aufgaben gleichzeitig zu erledigen, wodurch sie sich am Abend oft erschöpft fühlen: „Ich arbeite mit drei Monitoren. Die Idee ist, 3 Sachen gleichzeitig zu beginnen und im besten Fall habe ich auch alle 3 bis 5 oder 7 Sachen am Ende des Tages abgeschlossen. Wenn aber dann jemand klingelt und mich aus dem Flow bringt und diese 7 Sachen gleichzeitig noch offen sind, dann entsteht dadurch Chaos. Zum Ende des Arbeitstages hin, wenn mich der Computer beim Schließen der ganzen Sachen fragt, ob ich dies und jenes noch abspeichern will, und mich daran erinnert, dass immer noch ganz viele Prozesse nicht abgeschlossen sind, merke ich, wie sehr mich das nervt und ermüdet." (Benjamin L.)

Daher ist es für Führungskräfte mit Scanner-Persönlichkeit besonders relevant und sinnvoll, ihre Resilienz zu stärken, um besser mit den selbst gesteckten und mit den externen Anforderungen ihres beruflichen und persönlichen Lebens umgehen zu können sowie langfristig gesund und erfolgreich zu bleiben. Dies kann in einem resilienzorientierten Coaching realisiert werden, bei dem das Hauptaugenmerk darauf liegt, die Widerstandsfähigkeit und psychische Stärke der Klienten zu verbessern und damit die Fähigkeit zur Bewältigung von Herausforderungen, wie Stress, besondere Belastungen, Veränderungen oder widrige Umstände.

Durch die Entwicklung einer resilienten Denkweise und die Anwendung praktischer Resilienz-Techniken können multitalentierte Führungskräfte effektiver mit den Anforderungen ihres Arbeitsumfelds umgehen. Sie lernen, mit Rückschlägen umzugehen und sich von Misserfolgen nicht entmutigen zu lassen, sondern gestärkt aus ihnen hervorzugehen. Sie lernen, sich besser an Veränderungen anzupassen, mit Stress umzugehen und eine positive Einstellung zu bewahren, was letztlich zu einer verbesserten Leistung, Zufriedenheit und Erfolg führt.

Im Rahmen des Coachings führen folgende Schritte zur Verbesserung der Resilienz des Klienten:

1. **Bewusstsein schaffen:** Zunächst hilft der Coach der Führungskraft, ein tiefes Verständnis für die Bedeutung von Resilienz zu entwickeln und die individuellen Herausforderungen zu identifizieren, die die Führungskraft aktuell bewältigen muss.
2. **Ressourcenidentifikation:** Gemeinsam identifizieren Coach und Führungskraft anschließend interne und externe Ressourcen, die zur Stärkung der Resilienz genutzt werden können. Dazu gehören persönliche Stärken und soziale Unterstützungssysteme, aber auch bereits vorhandene Bewältigungsstrategien.
3. **Entwicklung von Bewältigungsstrategien:** Der Coach unterstützt die Führungskraft bei der Entwicklung weiterer für sie zielführender Bewältigungsstrategien, um mit Stress umzugehen, Emotionen zu regulieren und Herausforderungen konstruktiv anzugehen. Dazu können Techniken wie Achtsamkeit, Akzeptanztraining, kognitive Umstrukturierung und Stressmanagement gehören (vgl. Kap. 7).

4. **Integration in den Arbeitsalltag:** Der Coach hilft der Führungskraft auch, die im Coaching erlernten Resilienztechniken im Rahmen eines Masterplans zur Pflege der psychischen Gesundheit erfolgreich und nachhaltig in ihren Arbeitsalltag zu integrieren, denn nur so kann ein Coaching langfristig zu Veränderung führen (vgl. Kap. 8).

Den Fokus im Coaching mit multitalentierten Führungskräften auf Resilienz zu legen, ist also sinnvoll, da es ihnen ermöglicht, mit den vielfältigen Anforderungen ihres Alltags besser umzugehen, Stress zu bewältigen und langfristig ihre Leistungsfähigkeit sowie Zufriedenheit zu erhalten. Dabei muss auch ein resilienzorientiertes Coaching stets offen sein für die Integration weiterer Coachingansätze und eine individuelle Adaptation der Vorgehensweise, wenn sich andere Ansätze als zusätzlich wichtig oder erfolgversprechender herausstellen oder sich die Zielstellung des Klienten im Prozess ändert.

Literatur

Behrendt, P., & Greif, S. (2018). Erfolgsfaktoren im Coachingprozess. In H. Möller, S. Greif, & W. Scholl (Hrsg.), *Handbuch Schlüsselkonzepte im Coaching* (S. 163–172). Springer.

Fischer, E., Mühlberger, C., Weber, J., Jonas, E., Kuhl, J., & Quirin, M. (2024). Personal growth and motto goals: Strengthening emotion regulation ability via affirmatory metaphors coaching. *Europe's Journal of Psychology, 20*(1), 25–40.

Gierhan, S. (2023). DoubleTRAMS – SMARTe Ziele im Coaching erarbeiten. *Coaching-Magazin, 2023*(2), 45–48.

Gierhan, S. (2022a). *Entscheiden: So schaffen es auch Menschen, die sich nicht einschränken wollen.* https://TausendsassaCoach.de/entscheiden-so-schaffen-es-auch-menschen-die-sich-nicht-einschraenken-wollen/. Zugegriffen am 19.03.2024.

Gierhan, S. (2022b). *SMART Ziele formulieren: Die Coaching-Methode Double-TRAMS.* https://TausendsassaCoach.de/smart-ziele-formulieren-die-coaching-methode-doubletrams/. Zugegriffen am 21.03.2024.

Inami, T. (2014). *IKIGAI – Glücklich sein mit der Erfolgsformel aus Japan.* Independently published.

Landay, K., Schwartz, S., & Williams, J. L. (2024). Passion versus positivity: How work passion and dispositional affect predict job satisfaction and its facets. *Human Resource Management, 63*, 1–12.

Mieko, K. (1966). *Ikigai-ni-Tsuite (About Ikigai).* Misuzu-Shobo.

Mogi, K. (2020). *Ikigai: Die japanische Lebenskunst.* DuMont.

Moskaliuk, J. (2015). *Motivationspsychologie für die Berufspraxis: Praktisches Wissen für Coaches, Berater und Führungskräfte.* Springer.

Pollack, J. M., Ho, V. T., O'Boyle, E., & Kirkman, B. L. (2020). Passion at work: A meta-analysis of individual work outcomes. *Journal of Organizational Behavior, 41*(4), 311–331.

Rohe, M. S., Funke, J., Storch, M., & Weber, J. (2016). Can motto-goals outperform learning and performance goals? Influence of goal setting on performance and affect in a complex problem solving task. *Journal of Dynamic Decision Making, 2*(3), 1–15.

Vallerand, R. J., & Houlfort, N. (2003). Passion at work. In S. W. Gilliland, D. D. Steiner, & D. P. Skarlicki (Hrsg.), *Emerging perspectives on values in organizations* (Bd. 6, S. 175–204). IAP.

Weber, J., & Storch, M. (2022). Motivation and goal setting with motto-goals in coaching. In S. Greif, H. Möller, W. Scholl, J. Passmore, & F. Müller (Hrsg.), *International handbook of evidence-based coaching* (S. 637–647). Springer.

Witherspoon, R., & White, R. P. (2007). Executive coaching: A continuum of roles. In R. R. Kilburg & R. C. Diedrich (Hrsg.), *The wisdom of coaching: Essential papers in consulting psychology for a world of change* (S. 103–111). American Psychological Association.

Teil IV

Die Unternehmensperspektive bei der Unterstützung vielseitiger Manager

Der Nutzen von Führungskräfte-Coaching

12

Leadership Coaching bewirkt nicht nur unmittelbare Vorteile für die individuelle Entwicklung von Führungskräften, sondern auch messbare Ergebnisse für das Unternehmen als Ganzes. In diesem Kapitel werden wir uns daher eingehend mit dem nachhaltigen Nutzen und der Wirkungsmessung von Führungskräfte-Coaching befassen.

Ich werde darstellen, welche langfristigen Vorteile Führungskräfte-Coaching für das Unternehmen bietet, wie der Erfolg eines Coachings gemessen werden kann und was der spezielle Nutzen eines Coachings für Scanner-Führungskräfte ist. Denn die Investition in die Entwicklung der vielseitigen Führungskräfte zahlt sich nicht nur kurzfristig und individuell für die Führungskraft aus, sondern trägt auch wesentlich zum langfristigen Erfolg und zur Wettbewerbsfähigkeit des Unternehmens bei.

12.1 Die langfristigen Vorteile von Führungskräfte-Coaching für Unternehmen

Über den Nutzen von Leadership Coaching für die gecoachte Führungskraft – unter anderem im Bereich Verhaltensänderung und Entwicklung – wurde in vorangehenden Kapiteln bereits ausführlich gesprochen. Führungskräfte-Coaching bringt jedoch auch langfristige Vorteile mit sich, die über die unmittelbaren Auswirkungen auf die individuelle Führungskraft hinausgehen. So zeigte beispielsweise eine groß angelegte Studie aus dem Jahr 2020, dass die gecoachten Führungskräfte aus 87 Unternehmen einen positiven Effekt von Business Coaching sowohl für ihren eigenen Erfolg als auch für ihr Unternehmen wahrgenommen haben (Wiginton & Cartwright, 2020).

Leadership Coaching hat also einen nachhaltigen Einfluss auf den Erfolg und die Leistungsfähigkeit des gesamten Unternehmens (z. B. Birknerová et al., 2022; Bringmann de Souza & San Emeterio, 2024; Jones et al., 2016).

Indem Führungskräfte durch Coaching ihre Fähigkeiten zur Problemlösung, Entscheidungsfindung, Kommunikation, Selbstmanagement oder Konfliktlösung verbessern (z. B. Nicolau et al., 2023), bewirken sie eine **Steigerung der Unternehmensleistung**. Eine Studie mit 70 hochrangigen Führungskräften ergab, dass Executive Coaching unter anderem eine verbesserte Fokussierung, emotionale Intelligenz und „Ego-Kontrolle" der Führungskräfte bewirkt sowie sie zu situationsangepasstem angemessenem Führungsverhalten sensibilisiert und befähigt (Longenecker & McCartney, 2020).

Einer der bedeutendsten Vorteile von Coaching für das Unternehmen sind daher messbar **verbesserte Management-Kompetenzen** ihrer Führungskräfte (Rekalde et al., 2017). Durch gezieltes Business Coaching können Führungskräfte kontinuierlich ihre Fähigkeiten und Führungskompetenzen ausbauen. Dies führt zu einem Pool hoch qualifizierter und effektiver Führungskräfte, die das Unternehmen strategisch führen und weiterentwickeln können. Verbessert eine Führungskraft durch Coaching beispielsweise ihre Kommunikationsfähigkeiten, ist sie besser in der Lage, ihre Teams zu motivieren und zu führen.

Wer seine Teams effektiver führt und motiviert, trägt zu einer **höheren Produktivität und Zielerreichung** bei, denn gut geführte Teams sind innovativer und motivierter, arbeiten effizienter zusammen und erreichen ihre Ziele mit größerer Wahrscheinlichkeit (vgl. Hogan & Kaiser, 2005). Eine Führungskraft, die durch Coaching beispielsweise gelernt hat, klare und konkrete Ziele zu setzen und ihre Teams zu guten Leistungen zu motivieren, trägt so direkt zu einer Steigerung der Produktivität und Rentabilität des Unternehmens bei.

Ein weiterer langfristiger Vorteil von Leadership Coaching für das Unternehmen liegt in der **erhöhten Mitarbeiterbindung und -zufriedenheit** (vgl. Reissová & Papay, 2021). Eine Führungskraft, die im Coaching beispielsweise gelernt hat, sich selbst und ihre eigenen Bedürfnisse zu verstehen, sowie einen Blick auch für die Bedürfnisse der Mitarbeitenden entwickelt hat, kann eine positive Arbeitsumgebung schaffen, in der sich ihre Mitarbeitenden gesehen, wertgeschätzt, unterstützt und gefördert fühlen. Durch professionelles Business Coaching gut begleitete und geschulte Führungskräfte sind also in der Lage, ihre Teams einfühlsam und effektiv zu führen, zu motivieren und zu entwickeln. Dies fördert die Zufriedenheit im Unternehmen und trägt positiv zur Mitarbeiterbindung bei.

Zusätzlich führt Coaching von Führungskräften zu einer **Reduzierung von Fehlbesetzungen und Mitarbeiterfluktuation**, denn so unterstützte Führungskräfte sind besser in der Lage, die richtigen Entscheidungen zu treffen und Talente im Unternehmen zu erkennen und zu entwickeln. Dies trägt dazu bei, Fehlbesetzungen zu reduzieren, die Motivation und das Engagement der Belegschaft wesentlich zu erhöhen und die Fluktuation von Mitarbeitern zu verringern, was langfristig Kosten einspart und die Stabilität des Unternehmens fördert.

Schließlich fördert Coaching eine **positive Unternehmenskultur**, die auf kontinuierlichem Lernen und Wachstum basiert: Unternehmen, die auf Coaching setzen, es fördern und unterstützen, signalisieren ihren Mitarbeitenden, dass sie in deren Entwicklung investieren und Wert auf ihre berufliche Weiterentwicklung legen. Dies trägt dazu bei, eine motivierende und unterstützende Arbeitsumgebung zu schaffen, in der Mitarbeitende ihr volles Potenzial entfalten können und wollen.

Diese langfristigen Vorteile für das Unternehmen zeigen, dass Führungskräfte-Coaching nicht nur eine (kurzfristige) Investition in die Entwicklung einzelner Führungskräfte ist, sondern einen wesentlichen und messbaren nachhaltigen Mehrwert für das gesamte Unternehmen hat. Jedes moderne Unternehmen sollte daher in professionelles Business Coaching seiner Mitarbeitenden investieren, vor allem, aber nicht nur, zur Unterstützung seiner (vielseitigen) Führungskräfte. Backhausen & Thommen (2006) geben Hinweise, wie eine Institutionalisierung von Coaching in Unternehmen gelingen kann.

12.2 Wie der Erfolg von Coaching gemessen werden kann

Wer Geld und Zeit in das Coaching seiner Mitarbeitenden investiert, möchte wissen, ob es gut eingesetzt ist, ob das Coaching also eine Wirkung entfaltet und daher einen Mehrwert für das Unternehmen und seine Führungskräfte schafft. Zahlreiche Studien haben einen positiven finanziellen Effekt von Führungskräfte-Coachingprozessen zeigen können: Die durchgeführten Coachings hatten einen positiven Return on Investment (ROI) für das Unternehmen (z. B. Newman et al., 2014; Wiginton & Cartwright, 2020; vgl. auch Grant, 2013; de Meuse et al., 2009) – gemessen beispielsweise an gesteigerten Verkaufszahlen, höheren Marktanteilen oder besserer organisationaler Profitabilität (Grant, 2013, S. 31). Laut einer Studie der Managementberatung Booz Allen aus dem Jahr 2006 führt jeder investierte Dollar in Executive Coaching zu einem durchschnittlichen ROI von 7,9 Dollar (Parker-Wilkins, 2006). In einer australischen Langzeitstudie aus dem Jahr 2018 (Boysen et al., 2018) schätze die Mehrzahl der Befragten den ROI von Leadership bzw. Executive Coaching grob auf 200.000 bis 500.000 Dollar, was 4- bis 8-mal dem initialen finanziellen Investment entspricht.

Grant (2013, S. 27–31) nennt neben dem ROI verschiedene Ansätze und Metriken, um den Erfolg und die Wirksamkeit von Coaching zu messen:

1. **Zielerreichungsskalierung**: Der Erfolg eines Coachings kann gut mithilfe einer Zielerreichungsskalierung gemessen werden, mit der der Fortschritt bei der Verwirklichung von vorab mit dem Klienten definierten und messbar formulierten Zielen erfasst und bewertet wird.

2. **Qualitative Berichte**: Die Rückmeldungen der Führungskräfte und ihrer direkten Vorgesetzten können wertvolle Einblicke liefern, wie sich das Coaching auf das Verhalten, die Fähigkeiten und die Leistung der Führungskräfte auswirkt. Solche Bewertungen können in Form von Interviews, Fragebögen oder informellen Gesprächen gesammelt werden, sollten aber stets freiwillig und die Erhebung transparent sowie bestenfalls anonym sein.

3. **360-Grad-Feedbacks**: Ein strukturierter 360-Grad-Feedbackprozess vor und nach dem Coachingprozess ermöglicht es, Feedback zum Coachingprozess von verschiedenen Stakeholdern einzuholen, einschließlich Vorgesetzten, Kollegen und Mitarbeitern. Durch die Analyse dieser Feedbacks können die Entwicklungsbereiche der Führungskraft und Veränderungen im Führungsverhalten identifiziert und quantifiziert werden.

4. **Leistungsindikatoren**: Die Veränderungen in den objektiven Leistungsindikatoren einer Führungskraft, wie Umsatzwachstum, Mitarbeiterbindung oder Kundenzufriedenheit, können anzeigen, wie effektiv ein Coaching war.

5. **Skalen zur Messung des Wohlbefindens und mentaler Gesundheit**: Auch die Messung des Wohlbefindens und der mentalen Gesundheit können einen Hinweis darauf geben, wie wirksam ein Coaching war. Grant (2013, S. 31) nennt verschiedene Skalen zur Messung, zum Beispiel die „Psychological Well-being Scale" oder die „Cognitive Hardiness Scale".

Es ist wichtig zu betonen, dass der Erfolg von Coaching nicht ausschließlich an quantitativen Kennzahlen gemessen werden kann, sondern auch qualitative Aspekte berücksichtigt werden müssen, um ein umfassendes Bild zu erhalten. Eine Kombination aus verschiedenen quantitativen und qualitativen Ansätzen bietet eine fundierte Grundlage für die Bewertung des Coaching-Erfolgs – eine Kennzahl alleine ist nicht ausreichend! Zusätzlich sollte beachtet werden, dass die erhobenen Daten konfundiert sein können: (Positive wie negative) Veränderungen im Verhalten bzw. der Leistung eines Klienten können zwar zeitgleich zu einem Coachingprozess stattgefunden haben, jedoch anderen Ursachen zuzuschreiben sein, wie beispielsweise einem Changeprozess im Unternehmen, Vorgesetztenwechsel oder geänderten familiären Gegebenheiten. Auch muss der Faktor „soziale Erwünschtheit" bei der Interpretation der Daten beachtet werden, vor allem bei qualitativen Berichten und Feedbacks an höhere Ebenen. Schließlich sollte bei der Bewertung eines Coachingerfolgs berücksichtigt werden, dass ein Coachingprozess auch dann für den Klienten und für das Unternehmen erfolgreich sein kann, wenn zuvor definierte Ziele nicht erreicht wurden, wenn nämlich zum Beispiel ein größeres Bewusstsein für eine Problemlage entstanden ist oder mehr Motivation für Veränderung.

Dabei sind die Faktoren, die im Coaching die größte Wirkung entfalten, also den Erfolg eines Coachings am meisten bestimmen, nach Behrendt & Greif (2018, S. 166–168): eine gute und wertschätzende Coach-Klienten-Beziehung samt emotionaler Unterstützung des Klienten durch den Coach, Affektaktivierung und Affektkalibrierung, ergebnisorientierte Situationsanalyse und Selbstreflexion, Zielklärung, Ressourcenaktivierung und Umsetzungsunterstützung (vgl. auch Kap. 8). Darüber hinaus arbeitete Künzli (2013, S. 385) in seinem Forschungsreview heraus, dass für ein erfolgreiches Führungskräfte-Coaching „die Qualifikation, das Engagement, die Glaubwürdigkeit und Authentizität des Coaches, [sowie] der zeitlich gut abgestimmte und dem Klienten angepasste Einsatz verschiedener Techniken" bedeutsam sind.

Es ist daher alternativlos, gut ausgebildete, erfahrene Coaches zur Unterstützung von Führungskräften im Unternehmen einzusetzen, die diese Erfolgsfaktoren kennen und bedienen können, damit Coaching einen Mehrwert für das Unternehmen und seine Mitarbeitenden entfalten kann und auf den ROI einzahlt. Für Führungskräfte mit Scanner-Persönlichkeit bedeutet das, dass Coaches ausgewählt und eingesetzt werden sollten, die für dieses Persönlichkeitsmerkmal qualifiziert sind und es authentisch bedienen können (vgl. Kap. 2 und 9).

12.3 Unternehmensweiter Nutzen und Wirkung von Coaching für vielseitige Manager

Vielseitige Manager mit Tausendsassa-Persönlichkeit tragen aufgrund ihrer Vielfalt an Interessen und Begabungen sowie ihrer Meta-Skills ein immenses Potenzial in sich. Sie sind in hohem Maße intrinsisch motiviert, begeisterungsfähig und engagiert, wenn sie eine zu ihrer Persönlichkeit passende Stelle und Position innehaben sowie ein für sie förderliches Umfeld. Das Gegenteil ist der Fall, solange sie nicht von ihrer Scanner-Persönlichkeit wissen und noch keine Strategien haben, ihre Führungsrolle erfolgreich ihrer Scanner-Natur gemäß zu gestalten (vgl. Kap. 1, 2 und 3).

Bekommen Scanner-Führungskräfte ein wirksames Business Coaching durch auf die Zielgruppe der Scanner-Führungskräfte spezialisierte Coaches können sie ihre Motivation, ihren hohen Tatendrang und überdurchschnittliche Kreativität sowie Einsatz für die gute Sache erhalten bzw. wieder aufbauen und ihr ganzes vielfältiges Potenzial für das Unternehmen einbringen. Sie sind dann in der Lage, gesund und widerstandsfähig ihre Leidenschaften und Stärken dort im Unternehmen einzusetzen, wo sie die größtmögliche Wirkung entfalten können, und so, wie es für sie, ihr Team und das Unternehmen maximal förderlich ist.

Neben diesem herausstechenden Nutzen eines Coachings für Scanner-Führungskräfte gibt es zahlreiche weitere Vorteile für die Unternehmen.

Ganz allgemein ist Führungskräfte-Coaching deshalb wirkungsvoll für das Unternehmen, weil damit die Produktivität und Leistungsfähigkeit der Mitarbeiter gesteigert werden können. Gut geschulte und durch Coaching unterstützte Führungskräfte sind besser in der Lage, ihre Teams zu motivieren und zu führen, was eine erhöhte Effizienz und Leistungsfähigkeit der gesamten Organisation bewirken kann (vgl. Kap. 11). Dies ist auch auf Führungskräfte mit Scanner-Persönlichkeit übertragbar. Zwar bringen Scanner-Führungskräfte für die Mitarbeiterführung viel Empathie mit, jedoch kann ein gezieltes Coaching bei ihnen bewirken, dass sie Strategien zur Motivation ihrer Mitarbeiter erarbeiten und spezifische Führungsfähigkeiten ausbilden, die ihnen als Scanner zuvor fehlten (vgl. Kap. 5).

Des Weiteren trägt Coaching zur Reduzierung von Kosten bei, denn gut ausgebildete Führungskräfte, sind besser in der Lage, Talente im Unternehmen zu erkennen, in ihre Mitarbeiter zu vertrauen und diese zu fördern, was zu einer höheren Mitarbeiterbindung und einer Verringerung von Fehlbesetzungen und Fluktuationen führt (Ladegard & Gjerde, 2014; Otoo, 2022; Parmenas, 2022; Reissová & Papay, 2021). Multitalentierte Manager haben einen guten Blick für Mitarbeiterpotenziale und es ist ihnen inhärent, dass sie die Förderung von Entwicklung ihrer Mitarbeiter für wichtig erachten. Sie profitieren jedoch von Business Coaching, indem sie lernen, mehr als vor dem Coaching in die Arbeit und Ergebnisse ihrer Mitarbeitenden zu vertrauen, sodass sie mit gutem Gefühl Arbeit abgeben und Teamarbeit befördern können.

Ein weiterer finanzieller Nutzen liegt in der Steigerung der Innovationsfähigkeit und Wettbewerbsfähigkeit des Unternehmens. Vielseitige Führungskräfte, die durch gezieltes Coaching unterstützt werden, haben nicht nur innovative Ideen, sondern können diese auch kanalisieren und umsetzen, was zu neuen Produkten, Dienstleistungen und Geschäftsmodellen führt. Sie überfordern ihre Mitarbeitenden nicht mehr mit ihrer Ideen- und Aufgabenvielfalt, sondern können die Umsetzung von Innovationen gezielt steuern (vgl. Kap. 1). Außerdem bleiben innovative Projekte nicht mehr auf halber Strecke stecken (vgl. Kap. 9). Dadurch kann sich das Unternehmen von der Konkurrenz abheben und langfristig wettbewerbsfähig bleiben.

Die nachhaltige Wirkung von Coaching schlägt sich auch in der Entwicklung der vielseitigen Führungskräfte nieder: Wenn Coaching als kontinuierlicher Prozess verstanden wird, können die Führungskräfte nach und nach ihre Fähigkeiten verbessern und ihr Potenzial sukzessive mehr und mehr ausschöpfen – zum Wohle ihrer eigenen Zufriedenheit und Motivation als auch des Unternehmens.

Es zeigt sich also, dass ein professionelles Business Coaching für Scanner-Führungskräfte auf verschiedenen Ebenen für die Organisation einen Nutzen entfaltet, der hier beispielhaft dargestellt wurde. Weitere Wirkungen und Vorteile für sowohl die individuelle Scanner-Führungskraft als auch das Unternehmen wurden in vorangehenden Kapiteln erläutert.

Literatur

Backhausen, W., & Thommen, J.-P. (2006). Implementierung von Coaching-Programmen in Unternehmen. In W. Backhausen & J.-P. Thommen (Hrsg.), *Coaching* (S. 203–240). Gabler.

Behrendt, P., & Greif, S. (2018). Erfolgsfaktoren im Coachingprozess. In H. Möller, S. Greif, & W. Scholl (Hrsg.), *Handbuch Schlüsselkonzepte im Coaching* (S. 163–172). Springer.

Birknerová, Z., Čigarská, B. N., Vojtilová, V., & Gabrhelová, G. (2022). Coaching in the field of business management. *Journal of Management and Business: Research and Practice, 14*(1), 1–12.

Boysen, S., Cherry, M., Amerie, W., & Takagawa, M. (2018). Organisational coaching outcomes: A comparison of a practitioner survey and key findings from the literature. *International Journal of Evidence Based Coaching and Mentoring, 16*(1), 159–166.

Bringmann de Souza, E. C., & San Emeterio, M. C. (2024). Sustainability of changes in executive coaching: Managing partner's perspective. *Coaching: An International Journal of Theory, Research and Practice, 17*(2), 226–247.

de Meuse, K. P., Dai, G., & Lee, R. J. (2009). Evaluating the effectiveness of executive coaching: Beyond ROI? *Coaching: An International Journal of Theory, Research and Practice, 2*(2), 117–134.

Grant, A. M. (2013). The efficacy of coaching. In J. Passmore, D. B. Peterson, & T. Freire (Hrsg.), *The Wiley-Blackwell handbook of the psychology of coaching and mentoring* (S. 13–39). Wiley.

Hogan, R., & Kaiser, R. B. (2005). What we know about leadership. *Review of General Psychology, 9*(2), 169–180.

Jones, R. J., Woods, S. A., & Guillaume, Y. R. F. (2016). The effectiveness of workplace coaching: A meta-analysis of learning and performance outcomes from coaching. *Journal of Occupational and Organizational Psychology, 89*(2), 249–277.

Künzli, H. (2013). Wirksamkeitsforschung im Führungskräftecoaching. In E. Lippmann (Hrsg.), *Coaching* (S. 370–385). Springer.

Ladegard, G., & Gjerde, S. (2014). Leadership coaching, leader role-efficacy, and trust in subordinates. A mixed methods study assessing leadership coaching as a leadership development tool. *The Leadership Quarterly, 25*(4), 631–646.

Longenecker, C., & McCartney, M. (2020). The benefit of executive coaching: Voices from the C-suite. *Strategic HR Review, 19*(1), 22–27.

Newman, D., Yaeger, T. F., Sorensen, P., & Hinrichs, G. (2014). The impact of executive coaching on self-efficacy, ROI, and corporate strategy: An empirical study. *Academy of Management Proceedings, 1*, 10669.

Nicolau, A., Candel, O. S., Constantin, T., & Kleingeld, A. (2023). The effects of executive coaching on behaviors, attitudes, and personal characteristics: A meta-analysis of randomized control trial studies. *Frontiers in Psychology, 14*, 1–16.

Otoo, F. N. K. (2022). Human resource development and employee turnover intentions. *International Journal of Business Ecosystem & Strategy, 4*(4), 1–12.

Parker-Wilkins, V. (2006). Business impact of executive coaching: Demonstrating monetary value. *Industrial and Commercial Training, 38*(3), 122–127.

Parmenas, N. H. (2022). Employee engagement: Turn over prevention strategies and the key to improving performance management in a multinational company. *Journal of Economics, Management, Entrepreneurship, and Business, 2*(1), 8–12.

Reissová, A., & Papay, M. (2021). Relationship between employee engagement, job satisfaction and potential turnover. *TEM Journal, 10*(2), 847–852.

Rekalde, I., Landeta, J., Albizu, E., & Fernandez-Ferrin, P. (2017). Is executive coaching more effective than other management training and development methods? *Management Decision, 55*(10), 2149–2162.

Wiginton, J. G., & Cartwright, P. A. (2020). Evidence on the impacts of business coaching. *Journal of Management Development, 39*(2), 163–180.

Praktische Empfehlungen für Unternehmen

13

Um das Potenzial vielseitiger Führungskräfte mit Tausendsassa-Persönlichkeit zu entfalten, ist es unerlässlich, eine Unternehmenskultur zu schaffen, die Entwicklung und Innovation fördert. Es wird empfohlen, dass hierin auch Business Coaching einen festen Platz hat. In diesem Kapitel werde ich dies begründen und aufzeigen, welche Bestandteile eine solche Kultur ausmachen und welches die Rollen von Unternehmensleitung, direkten Vorgesetzten und Personalabteilung dabei sind.

Ich werde praktische Empfehlungen geben, wie Unternehmensleitung, Vorgesetzte und Personalabteilung Führungskräfte mit Scanner-Persönlichkeit konkret unterstützen können, und ausführen, welche Rolle Business Coaching dabei spielt. Schließlich wird dargelegt, warum es wesentlich ist, auf diese besondere Zielgruppe spezialisierte Coaches zu wählen, und wie die Integration dieser Coaches in die Unternehmenskultur effektiv gelingen kann.

13.1 Förderung einer Kultur der Entwicklung und Innovation

Damit ein Unternehmen nicht nur kurzfristig, sondern langfristig profitabel und erfolgreich ist, muss es eine Kultur haben oder etablieren, die Entwicklung und Innovation schätzt und fördert. Eine Kultur der Entwicklung und Innovation trägt dazu bei, dass Unternehmen insgesamt agiler, anpassungs-, leistungs- und wettbewerbsfähiger werden, weil Raum für neue Ideen und Innovationen ist, aber auch Individualität und Entwicklung geschätzt werden, sodass sich die Mitarbeiter trauen, neue Fähigkeiten zu entwickeln, ihre individuellen Stärken einzubringen und innovative Lösungen für

Herausforderungen zu suchen. So gewährleistet das Unternehmen, dass es mit den sich ständig verändernden Anforderungen des Marktes Schritt halten kann und langfristigen Erfolg hat. Ein solches Unternehmen ist prädestiniert für Personen mit Scanner-Persönlichkeit, die ein Umfeld brauchen, welches auf Individualität, stetige Entwicklung und Veränderung setzt.

Um eine solche Kultur zu etablieren und zu fördern, sollten Unternehmen Wert auf **lebenslanges Lernen** legen und sicherstellen, dass Mitarbeiter und Führungskräfte Zugang zu Weiterbildungsmöglichkeiten haben. Dies kann durch interne oder externe Schulungsprogramme, Trainings, Mentoring, Supervision und natürlich durch Einzel- und Team-Coaching erreicht werden. Wenn Unternehmen Ressourcen für die berufliche Entwicklung ihrer Mitarbeiter zur Verfügung stellen und Weiterentwicklung proaktiv unterstützen, signalisieren sie, dass sie persönliches Wachstum schätzen und fördern. Dies spricht besonders Führungskräfte mit Scanner-Persönlichkeit an, die für Neues aufgrund ihrer Persönlichkeit offen sind und die für Weiterentwicklung – ihre eigene und die des Unternehmens – brennen.

Des Weiteren ist es für ihre Innovativität wichtig, dass Unternehmen eine **Fehlerkultur etablieren**, in der Fehler als Teil des Lernprozesses angesehen werden, zum Beispiel durch die Umsetzung von so genannten „Fuckup-Meetings", bei denen es darum geht, bewusst über Fehler, die aufgetreten sind, zu sprechen. Dies dient dazu, gemeinsam Lösungen zu finden, aber auch sicherzustellen, dass sich alle trauen, über Fehler zu sprechen, und so die gleichen Fehler nicht mehrfach gemacht werden.

In einer Kultur der Innovation und Entwicklung werden Mitarbeiter und Führungskräfte zudem dazu ermutigt, **neue Ideen auszuprobieren und Risiken einzugehen**, ohne Angst vor Sanktionen bei Misserfolgen haben zu müssen. Dies fördert auch die Motivation und Leistungsfähigkeit vielseitiger Führungskräfte, die von Natur aus viele Ideen haben und den Wunsch zu Veränderung, Innovation und Gestaltung. Eine solche Kultur schafft für sie ein Umfeld, in dem sie ihrer Begabung freien Lauf lassen können, progressive Lösungen für Probleme zu erkennen, ohne Angst haben zu müssen, Kollegen oder Vorgesetzten mit ihren Ideen und Lösungen „voraus zu sein" und sie oder das Unternehmen damit vor den Kopf zu stoßen. So kann Innovation gedeihen.

Ein weiterer wichtiger Aspekt ist die Anerkennung und **Wertschätzung von Individualität, Vielfalt und Diversität**, wenn ein Unternehmen eine Kultur der Innovation und Entwicklung etablieren möchte. Vorgesetzte, Personaler und Führungskräfte sollten aktiv dafür sorgen, dass verschiedene Perspektiven und fachliche Hintergründe in ihren Teams vertreten sind und jeder Mitarbeiter sich mit seinen Ideen, Wünschen, Bedarfen und Sorgen gehört und respektiert fühlt – auch derjenige, der aufgrund seiner Scanner-Natur kein Fachexperte, sondern generalistisch veranlagt ist. Dies befördert zudem eine Vielzahl von Ideen und Ansätzen und sichert die Zukunftsfähigkeit des Unternehmens.

Besonders das Potenzial der Generalisten ist hier mannigfaltig und bleibt in den meisten Unternehmen hinter dem Möglichen zurück. Will sagen: Erst wenn ein Unternehmen die vielseitige Tausendsassa-Persönlichkeit seiner multitalentierten Führungskräfte kennt, versteht, sieht und wertschätzt sowie der Entfaltung dieser keine Steine in den Weg legt, sondern sie ermutigt, ihrer Persönlichkeit gemäß zu arbeiten, erst dann kann ein Unternehmen wirklich aus dem vollen Potenzial seiner multitalentierten Mitarbeitenden schöpfen.

13.2 Die Rolle der Unternehmensleitung bei der Unterstützung vielseitiger Führungskräfte

Sollen vielseitige Führungskräfte zum Erfolgsfaktor eines Unternehmens werden, ist die Unternehmensleitung gefragt. Diese Führungsebene trägt die Verantwortung dafür, eine Unternehmenskultur zu schaffen, die der Vielfalt und besonderen Bedürfnisse sowie Potenziale vielseitiger Führungskräfte gerecht wird. Voraussetzung hierfür ist, dass sie das Potenzial dieser Führungskräfte für das Unternehmen erkannt hat (vgl. Kap. 12) und die Vielfalt der multitalentierten Führungskräfte sowie deren Stärken und Bedarfe sieht, versteht und anerkennt. Erst durch die Anerkennung und Wertschätzung der besonderen vielseitigen Persönlichkeit und durch die Bereitstellung eines entsprechenden Umfelds, das die besonderen Talente dieser Führungskräfte befördert und ihre Bedürfnisse erfüllt, können Unternehmen von den Perspektiven, Ideen, Fähigkeiten, Meta-Kompetenzen und Potenzialen dieser Führungskräfte profitieren.

Dafür sollte die Unternehmensleitung unter anderem sicherstellen, dass die Unternehmensziele und -strategien die Vielseitigkeit und das mit der Scanner-Persönlichkeit einhergehende hohe Veränderungspotenzial berücksichtigen. Indem sie ein Umfeld schaffen, das Vielfalt sowie Individualität schätzt und fördert, signalisieren sie ihren vielseitigen Führungskräften, dass sie und ihre Potenziale willkommen sind. Indem sie ein Umfeld schaffen, das Raum für Experimente und neue Ideen bietet, ermutigen sie vielseitige Führungskräfte, innovative Lösungen zu entwickeln und umzusetzen. Andernfalls finden sich die multitalentierten Führungskräfte schnell in Start-Ups oder in der Selbstständigkeit wieder ... Indem sie ein Umfeld schaffen, das generalistisches Denken befürwortet und offen ist für Jobneudefinitionen und übergreifende Positionen sowie durchlässig ist für interne Jobwechsel, halten sie ihre vielseitigen Führungskräfte auch langfristig. Denn Tausendsassa-Führungskräfte wollen ihren Job gestalten können, Jobs auch mal neu definieren oder kombinieren und Aufgabenbereiche abwechslungsreich halten. Sie können gar nicht anders, als generalistisch zu denken, und flüchten aus einengenden Verhältnissen.

Zudem muss die Unternehmensleitung Ressourcen für ihre Führungskräfte bereit-
stellen. Dazu gehören beispielsweise die Befürwortung und Finanzierung von Trainings, Weiterbildungen, Coachings und andere Möglichkeiten, die darauf abzielen,
die Fähigkeiten der Führungskräfte weiterzuentwickeln und ihre Potenziale voll auszuschöpfen.

Darüber hinaus ist es notwendig, dass die Unternehmensleitung Strukturen und
Prozesse bereithält, die vielseitigen Führungskräften dabei helfen, ihre Arbeit effektiv zu organisieren und zu managen, und dass sie eine offene Kommunikationskultur
fördert, in der vielseitige Führungskräfte ihre Ideen und Anliegen frei äußern können.

Erst wenn die Unternehmensleitung das Potenzial von Führungskräften mit
Scanner-Persönlichkeit erkannt hat und ihren wertvollen Beitrag zum Unter-
nehmenserfolg, kann sie sich bewusst dazu entscheiden, dieses Potenzial nutzen zu
wollen, und mit den hier skizzierten entsprechenden Maßnahmen den Raum schaffen, dass vielseitige Führungskräfte in ihrem Unternehmen bleiben und ihr volles
Potenzial einsetzen.

13.3 Die Rolle der Vorgesetzten bei der Unterstützung vielseitiger Führungskräfte

Auch die Vorgesetzten spielen eine äußerst wichtige Rolle bei der Unterstützung vielseitiger Führungskräfte, da sie einen unmittelbaren Einfluss auf deren Entwicklung
und Leistung haben (z. B. Susmadiana et al., 2021). Um ihre Führungskräfte effektiv
zu unterstützen, sollten Vorgesetzte verschiedene Maßnahmen ergreifen.

Erstens ist es wichtig, dass Vorgesetzte in ihrem Bereich ein offenes, Individualität schätzendes und Fehler tolerierendes Arbeitsumfeld ermöglichen, in dem vielseitige Führungskräfte sich wohlfühlen und bereit sind, ihre Ideen, Anliegen und Bedenken zu teilen. Durch regelmäßige Gespräche, eigene Offenheit, Ehrlichkeit und
Transparenz bewirken Vorgesetzte eine vertrauensvolle Kommunikationskultur, die
es vielseitigen Führungskräften wie Mitarbeitern ermöglicht, ihre Interessen und
Ambitionen zu äußern, ihre Talente und vielfältigen Potenziale einzubringen und genügend Unterstützung bei der Verfolgung von Zielen zu haben.

Zweitens sollten Vorgesetzte die individuellen Persönlichkeitsmerkmale, Stärken
und Entwicklungsbereiche ihrer vielseitigen Führungskräfte verstehen und gemeinsam mit ihnen entsprechende Entwicklungspläne erstellen, um ihre Fähigkeiten
und Kompetenzen zu stärken sowie bei ihren Herausforderungen zu unterstützen.
Dies kann bedeuten, dass Vorgesetzte Coaching anregen oder Mentoring anbieten,
Schulungen befürworten oder vielseitige Führungskräfte in herausfordernde Projekte
einbinden, um ihre berufliche Entwicklung zu fördern. Auch eine Job-Rotation und

der zeitlich begrenzte Einsatz der Führungskraft in einem anderen Bereich, an einem anderen Standort oder in einem anderen Team können hier in Betracht gezogen werden, um die Motivation der vielseitigen Führungskraft zu stärken und ihre Kompetenzen weiterzuentwickeln. In jedem Fall ist es wichtig, dass Vorgesetzte aktiv darauf achten und entsprechende Maßnahmen ergreifen, damit vielseitige Führungskräfte nicht eingeengt werden (vgl. Kap. 2 und 3).

Darüber hinaus müssen Vorgesetzte ihre Tausendsassa-Führungskräfte bei der Vermeidung und Bewältigung von Überforderung unterstützen, indem sie klare Erwartungen kommunizieren, Prioritäten setzen, realistische Ziele festlegen und Ressourcen zur Verfügung stellen, um die Arbeitslast zu bewältigen. Dies ist gerade für multitalentierte Führungskräfte mit Scanner-Persönlichkeit wichtig, da sie aufgrund ihrer Persönlichkeitsstruktur dazu neigen, sich in verschiedenen Projekten, Bereichen und Themen zu engagieren, was zu einer erhöhten Belastung und möglicherweise zu einer Überforderung führen kann (vgl. Kap. 6, 7 und 10). Indem Vorgesetzte ein unterstützendes Umfeld schaffen und gemeinsam mit den vielseitigen Führungskräften Ziele festlegen und strategische Richtlinien entwickeln, können Vorgesetzte helfen, den Fokus zu schärfen und sicherzustellen, dass die Arbeitsbelastung angemessen gemanagt wird. Regelmäßige Feedback-Gespräche können ebenfalls dazu beitragen, den Fortschritt nachzuhalten und ggf. Anpassungen vorzunehmen, wenn nötig.

Schließlich müssen Vorgesetzte auch einen Blick dafür haben, ob eine ihrer multitalentierten Führungskräfte unterfordert ist. Eine zu geringe Auslastung, zu eintönige oder nicht herausfordernde Arbeit kann ebenso problematisch sein wie Überforderung (Stichworte: Burnout, Boreout). Unterforderung führt zu Langeweile, Demotivation, vermindertem Engagement und dem Gefühl, die eigenen Fähigkeiten nicht ausreichend nutzen zu können. Um dies zu verhindern, sollten Vorgesetzte sicherstellen, dass diese Führungskräfte regelmäßig neue Herausforderungen erhalten, sei es durch die Übernahme neuer Projekte, die Kommunikation mit schwierigen oder neuen Stakeholdern, die Einbindung in bereichsübergreifende Aufgaben oder die Übertragung verantwortungsvoller Einsätze bis hin zum Knacken „harter Nüsse". Dadurch bekommen sie genau das „Futter", das sie brauchen, um höchst motiviert ihr volles Potenzial einzusetzen.

Die Unterstützung durch Vorgesetzte ist für vielseitige Führungskräfte also essenziell, um sicherzustellen, dass sie effektiv und langfristig motiviert arbeiten können und ihr volles Potenzial entfalten. Durch klare Kommunikation, individuell angepasste Entwicklungsmöglichkeiten und ein unterstützendes Arbeitsumfeld können Vorgesetzte in ihrem Bereich dazu beitragen, dass die Zusammenarbeit gut funktioniert, Scanner-Führungskräfte erfolgreich sind und langfristig zum Erfolg des Unternehmens beitragen.

13.4   Die Rolle der Personalabteilung bei der Unterstützung vielseitiger Führungskräfte

Ist einem Unternehmen die immense Bedeutung vielseitiger Führungskräfte für die Leistungs- und Wettbewerbsfähigkeit des Unternehmens bewusst (siehe Kap. 1), kommt auch der Personalabteilung eine gewichtige Rolle zu. Ihre Funktionen und Prozesse sind – inhaltlich goutiert und unterstützt durch die Unternehmensleitung und Vorgesetzte – entscheidend dafür, dass vielseitige Talente erkannt, entwickelt und gefördert werden.

Um Führungskräfte mit Tausendsassa-Persönlichkeit gezielt zu erkennen und zu fördern, kann die Personalabteilung entsprechende Mechanismen und Programme zur Talentidentifikation und -entwicklung konzipieren und umsetzen, etwa durch spezifische Assessments und Ausschreibungen, Inhouse-Talentscouts oder Bonusprogramme für die Vermittlung von Multitalentierten. Hier kann sie auch auf Persönlichkeitstests wie den Tausendsassa-Test (Gierhan, 2024) zurückgreifen. Es ist wichtig, dass solche Ausschreibungen und Bewerbungsverfahren der Individualität von Scanner-Persönlichkeiten Rechnung tragen. Konkret bedeutet das vor allem, dass vielschichtige Berufserfahrung und diverse Engagements ein Asset sind und Lebensläufe nicht geradlinig sein müssen, sondern höchst individuell sein können, sodass Scanner-Persönlichkeiten nicht aufgrund ihres bunten Lebenslaufs und für die ausgeschriebene Stelle themenfremder Erfahrungen schon vor einem potenziellen Vorstellungsgespräch automatisch aussortiert werden. Mehr als das wäre es sogar denkbar und förderlich für Unternehmen, die mehr Scanner-Führungskräfte bekommen wollen, spezifische Auswahlverfahren zu entwickeln, bei denen gezielt Führungskräfte mit Scanner-Persönlichkeit gesucht und angesprochen werden, ähnlich wie Hackathons für die Anwerbung von IT-Talenten.

Darüber hinaus kann die Personalabteilung Mentoring- und Coaching-Programme organisieren, um gezielt vielseitige Führungskräfte, die noch am Anfang ihrer Karriere stehen, mit erfahrenen Kollegen oder externen Coaches zusammenzubringen, welche beispielsweise dabei helfen, sich zwischen Spezialisten im Unternehmen zurecht zu finden, Aufgaben zu strukturieren und Ziele zu erreichen. Laut einer aktuellen Studie haben hier gerade die Mitarbeitenden aus der Personalentwicklung eine zentrale Rolle, wenn es darum geht, eine Organisationskultur zu schaffen und zu erhalten, in der Coaching gedeihen kann (Jones et al., 2024).

Die Personalabteilung ist im Rahmen der Personalentwicklung dafür zuständig, die Entwicklung ihrer (nicht nur vielseitigen) Führungskräfte zu verfolgen, potenzielle Bereiche für Verbesserungen oder Veränderungen zu identifizieren und sicherzustellen, dass sie die benötigte Unterstützung erhalten, um erfolgreich zu sein und leistungsfähig zu bleiben. Bei entsprechender Betriebsgröße kann die Personalabteilung spezielle Entwicklungsprogramme und Trainings für vielseitige Führungskräfte konzipieren und umsetzen. Diese Programme sollten die spezifischen Bedürfnisse und Herausforderungen dieser Zielgruppe adressieren und Möglichkeiten zur Weiterentwicklung in verschiedenen Bereichen bieten, die für Scanner-Persönlichkeiten relevant sind, wie zum Beispiel Führungskompetenzen, Zeitmanagement oder Stressresistenz.

Dies ist auch im Rahmen gezielter Einzelcoachings möglich und hier umso effektiver. Eine strukturierte Integration von Business Coaching in die Mitarbeiterentwicklung des Unternehmens ist ebenfalls eine zentrale Aufgabe der Personalabteilung. Die Personalabteilung bzw. Personal- oder Organisationsentwicklungsabteilung sollte sich auf dem Coaching-Markt einen Überblick über Business Coaches verschaffen, die auf Führungskräfte mit Scanner-Persönlichkeit spezialisiert sind, und deren Integration in die Mitarbeiterentwicklung des Unternehmens befürworten und umsetzen. In der Folge ist sie die erste Ansprechpartnerin der vielseitigen Führungskraft für die Empfehlung und Vermittlung eines geeigneten Coaches.

Insgesamt hat die Personalabteilung also eine entscheidende Funktion für vielseitige Führungskräfte bei ihrer Einstellung, Entwicklung und Förderung im Unternehmen: Sie kann der Unternehmensleitung bewusst machen, wie wichtig es ist, Scanner-Persönlichkeiten vermehrt in die Führungsebenen eines Unternehmens zu integrieren, und diese Integration vorantreiben, indem sie bei der Personalauswahl gezielte Maßnahmen vorschlägt und ergreift. Außerdem kann sie vielseitige Führungskräfte durch Programme, Mentoring und Coaching sowie die Integration von gezieltem Coaching in die Mitarbeiterentwicklung dabei unterstützen, Hürden zu überwinden, Herausforderungen zu meistern, ihr Potenzial und ihre Stärken zu entfalten und damit langfristigen Erfolg für sich und das Unternehmen zu erreichen.

13.5 Die Integration spezialisierter Coaches in Unternehmen

Coaches sind eine wertvolle Ressource für Unternehmen und ihre Mitarbeiter, weswegen bereits häufig, zumindest in den Führungsetagen, Business Coaches zur Unterstützung eingesetzt werden und Unternehmen vermehrt interne Coaches haben oder Pools mit externen Business Coaches anlegen.

In diesen Coach-Pools finden sich aktuell naturgemäß wenige Coaches, die auf die Gruppe vielseitiger Manager spezialisiert sind oder sich zumindest mit der Scanner-Persönlichkeit und seinen besonderen Herausforderungen auskennen und wissen, wie sie Scanner-Personen im Coaching zielführend unterstützen. So geschieht es, dass sich die vielseitigen Manager von Coaches oft nicht abgeholt und verstanden fühlen, sodass das Coaching nicht gewinnbringend ist. Auf ihre besonderen Herausforderungen, Bedürfnisse und Potenziale können diese Coaches nicht eingehen, da sie sie nicht vor Augen haben und ohne Kenntnis der besonderen Persönlichkeitsstruktur auch nicht nachvollziehen können. Unterstützungs- und Lösungsangebote laufen in die falsche Richtung und entfalten bestenfalls keine oder aber eine schädliche Wirkung, zum Beispiel anhaltende Unzufriedenheit der so gecoachten vielseitigen Manager, Demotivation, Steigerung der Selbstzweifel bis hin zu Kündigung.

Es ist daher besonders wichtig, dass Führungskräfte mit Scanner-Persönlichkeit mit Coaches zusammenarbeiten, die sich mit dieser spezifischen Zielgruppe auskennen (vgl. auch Kap. 2). So spezialisierte Coaches können aufgrund ihres Fachwissens und eventueller eigener Erfahrung gezieltere Unterstützung bieten als Coaches ohne Erfahrung mit vielseitigen Managern. Sie sind authentischer und glaubwürdiger (vgl. Kap. 8), haben die passenden Methoden, Ansätze und Modelle (vgl. Kap. 10 und 11) und können bei Bedarf auch beratend wirken (vgl. Kap. 9). Mit Business Coaches, die auf multitalentierte Führungskräfte spezialisiert sind, stellen Unternehmen sicher, dass das in Coaching investierte Geld gut angelegt ist (vgl. Kap. 12).

Auf Tausendsassa-Führungskräfte spezialisierte Coaches auszuwählen, ist eine Herausforderung, denn sie sind am Coachingmarkt noch rar. Achten Sie daher in den Profilen von Coaches zusätzlich zum Stichwort „Führung" oder „Leadership" auf Begriffe wie „Scanner-Persönlichkeit", „Tausendsassa", „(Neo-)Generalisten", „Multitalente" oder „Vielbegabte" und auf fundierte Kenntnisse des Persönlichkeitsmerkmals „Scanner-Persönlichkeit" sowie nachweisliche Erfahrung in der Arbeit mit vielseitigen Führungskräften. Zukünftig soll eine spezielle Coachingausbildung von Scanner-Coaches für Führungskräfte Professionalisierung in diesem Bereich bewirken und Sicherheit bei der Auswahl der Coaches geben.

Nach der Auswahl sollten – wie bei jedem Coachingprozess – klare Erwartungen und Ziele definiert werden, um den Erfolg der Coaching-Arbeit sicherzustellen (vgl. die Empfehlungen in Kap. 8). Eine enge Zusammenarbeit und offene Kommunikation zwischen der Personalabteilung und den beteiligten Führungskräften sowie deren Vorgesetzten kann zusätzlich gewährleisten, dass die Bedürfnisse der Mitarbeitenden sowie die Bereichs- und Unternehmensziele hinreichend Beachtung finden und die Coaching-Prozesse reibungslos verlaufen sowie den gewünschten Nutzen für die Führungskräfte und das Unternehmen bringen.

Es ist ein Marker für die Progressivität eines Unternehmens, wenn es auf Scanner-Führungskräfte spezialisierte Coaches auswählt, einsetzt und in die Unternehmensstrukturen integriert. Nur so kann die Unternehmensleitung sicherstellen, dass Führungskräfte mit Scanner-Persönlichkeit die bestmögliche Unterstützung erhalten, um akute Probleme zu lösen, ihre berufliche Entwicklung voranzutreiben und langfristigen Erfolg für sich und das Unternehmen zu erzielen.

Literatur

Gierhan, S. (2024). *Scanner-Persönlichkeit? Teste dich kostenlos & fundiert.* https://TausendsassaCoach.de/tausendsassa-test/. Zugegriffen am 20.09.2024.

Jones, J., Lundgren, H., & Poell, R. (2024). "I love and dream of a future where we're all coaches" – an analysis of multiple perspectives on managerial coaching. *European Journal of Training and Development.* https://www.emerald.com/insight/content/doi/10.1108/ejtd-11-2023-0181/full/html

Susmadiana, S., Lian, B., & Puspita, Y. (2021). The effect of managerial supervision and work motivation on improving principal's performance. *Journal of Social Work and Science Education, 2*(2), 181–187.

Fazit

14

In diesem Buch habe ich nicht nur das Persönlichkeitsmerkmal der „Scanner-Persönlichkeit" bezogen auf Führungskräfte dargestellt, grundlegende Handlungsempfehlungen für eine erfolgreiche vielseitige Führungskraft gegeben und die Ansätze sowie die Notwendigkeit eines gezielten Führungskräfte-Coachings für die multitalentierten Manager verdeutlicht. Es ist auch ein Plädoyer für die Entwicklung erfolgreicher und zufriedener Führungspersonen!

Menschen mit Scanner-Persönlichkeit kämpfen oft mit ihrer Persönlichkeit und den damit einhergehenden Besonderheiten, solange sie nicht von ihrer Tausendsassa-Natur wissen und geeignete Strategien anwenden. In Wahrheit verfügen sie aber über ein einzigartiges Set an Stärken und Fähigkeiten einschließlich Metakompetenzen aufgrund ihrer generalistischen Denkweise, das in der modernen Geschäftswelt von enormem Wert und noch lange nicht gehoben ist. Es schlummert ein riesengroßes Potenzial in diesen vielseitigen Managern, das aktuell noch nicht annähernd so ausgeschöpft ist, wie es sein könnte – und für die Gesellschaft gewinnbringend wäre.

Im Gegenteil: Dadurch, dass sich die vielseitigen Manager (und die sie unterstützenden Coaches) zum Großteil nicht explizit der Scanner-Persönlichkeit bewusst sind und der damit einhergehenden besonderen Herausforderungen, Stärken, Bedürfnisse und Verhaltensweisen, kommt es viel zu oft zu falscher Aufgaben- und Positionsallokation – wenn vielseitige Führungskräfte zum Beispiel auf einen Themenbereich eingeengt werden oder Mitarbeitende mit Scanner-Persönlichkeit nicht als Führungskräfte eingesetzt werden, weil sie noch nicht lange im Unternehmen sind und ihre besondere Begabung für Führung nicht erkannt wird –, außerdem zu Frustration, Leistung, die hinter den Möglichkeiten weit zurückbleibt, unpassenden Ratschlägen, innerlicher Kündigung sowie Jobwechsel einschließlich der damit einhergehenden Streuverluste für die Einzelperson und die Unternehmen.

© Der/die Autor(en), exklusiv lizenziert an Springer Fachmedien Wiesbaden GmbH, ein Teil von Springer Nature 2025
S. Gierhan, *Führungskräfte-Coaching für vielseitige Manager*,
https://doi.org/10.1007/978-3-658-47220-7_14

Dieser verhängnisvollen Situation für die Scanner-Führungskräfte und die Unternehmen kann entgegengewirkt werden, indem

1. Tausendsassa-Führungskräfte ihre Scanner-Persönlichkeit erkennen und sich zunutze machen, statt gegen sie anzukämpfen: Nur so werden sie nicht länger die Wege und Handlungsweisen der Fachspezialisten adaptieren, sondern mit ihren typischen Scanner-Herausforderungen erfolgreich umgehen und ihre Stärken und vielen Kompetenzen in der Führung gewinnbringend einsetzen.

2. Personalabteilungen, Vorgesetzte und Unternehmensleitung fundierte Kenntnis des Persönlichkeitsmerkmals „Scanner-Persönlichkeit" und seines Wertes besitzen: Nur so können sie sicherstellen, dass die Unternehmensstruktur und Kommunikationskultur so ausgerichtet sind, dass sie die zahlreichen Potenziale der vielseitigen Mitarbeitenden effektiv zur Entfaltung bringen und größtmöglichen Nutzen für das Unternehmen daraus ziehen.

3. Unternehmen die Wichtigkeit erkennen, auf vielseitige Manager spezialisierte Business Coaches zur Unterstützung ihrer Scanner-Führungskräfte einzusetzen, die gezielte Herangehensweisen und Coachingansätze für diese besondere Zielgruppe kennen: Nur so ist gewährleistet, dass sich die Investition in das Führungskräfte-Coaching lohnt und nicht im Gegenteil eine negative Wirkung entfaltet.

Ich hoffe, dazu mit den theoretischen Informationen dieses Buches, praktischen Handlungsvorschlägen und Empfehlungen aus der Coachingpraxis ein Stück beigetragen zu haben.

Wir stehen mit dem Führungskräfte-Coaching für vielseitige Manager erst am Anfang des Weges: Noch gibt es nicht viele Coaches, die sich auf die Zielgruppe der Führungskräfte mit Scanner-Persönlichkeit spezialisiert haben. Es sollte jedoch klar geworden sein, dass spezialisierte Coaches und die kontinuierliche Weiterentwicklung in diesem Bereich höchst bedeutsam sind für den Erfolg und die Zufriedenheit von Tausendsassa-Führungskräften und für das Unternehmen als Ganzes.

Der finanzielle Nutzen und die langfristigen Vorteile für Unternehmen, die den Empfehlungen dieses Buches folgen, werden erheblich sein. Ebenso für die vielseitigen Führungspersonen selbst: Sie werden ihre Führungsrolle zukünftig in Einklang mit ihrer Persönlichkeit ausgestalten und somit ihr volles Potenzial entfalten, werden (wieder) zufrieden, erfolgreich und in ihrem Beruf erfüllt sein. Zu ihrem eigenen Nutzen, zum Nutzen des Unternehmens und der Gesellschaft.

Jetzt ist die Zeit für Tausendsassa in der Führungsetage!

The manufacturer's authorised representative in the EU is Springer
Nature Customer Service Centre GmbH, Europaplatz 3, 69115 Heidelberg,
Germany. If you have any concerns regarding our products, please
contact ProductSafety@springernature.com

Printed and bound by CPI Group (UK) Ltd, Croydon, CR0 4YY
28/04/2026
02098538-0016